Build It!

Make Supercool Models with Your Favorite LEGO® Parts

SEA LIFE

Jennifer Kemmeter

GRAPHIC ARTS
BOOKS®

Contents

The Coast

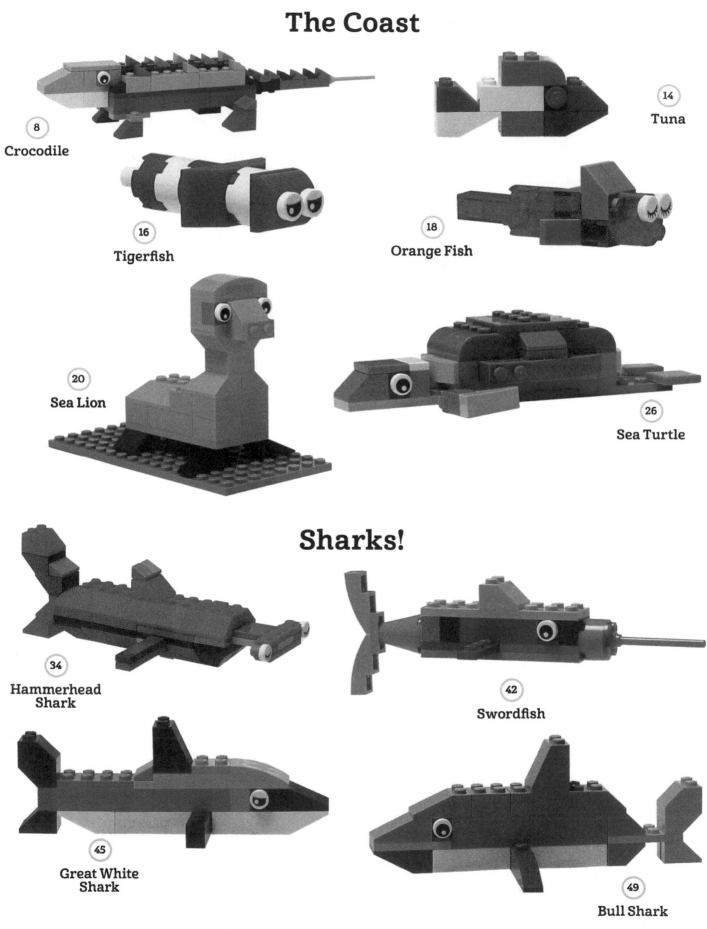

Sharks!

Cold Water

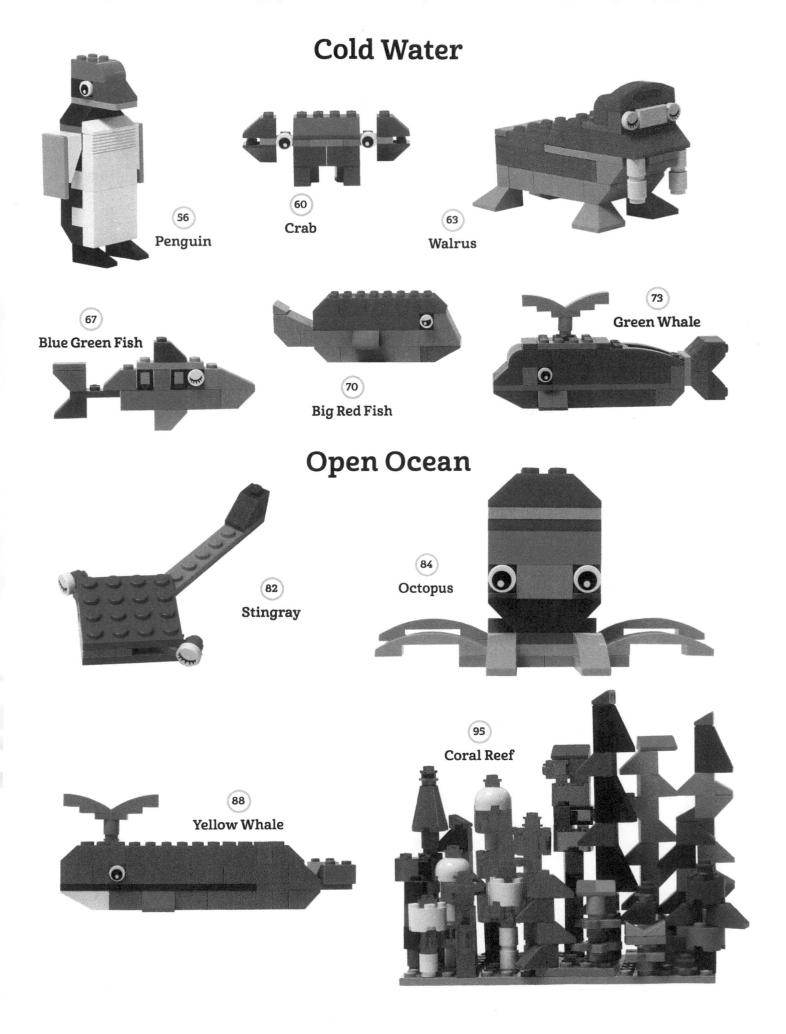

56 Penguin

60 Crab

63 Walrus

67 Blue Green Fish

70 Big Red Fish

73 Green Whale

Open Ocean

82 Stingray

84 Octopus

88 Yellow Whale

95 Coral Reef

How to Use This Book

What you will be building.

Build an Octopus

A photo of what your finished Octopus will look like.

An illustration of the finished Octopus that looks like the pictures in the steps.

All the pieces you will need to build the model are listed at the beginning of each of the instructions.

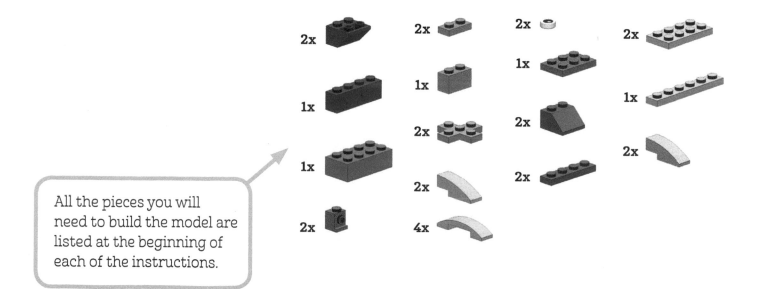

2x   2x   2x   2x

1x   1x

1x   2x   1x

1x   2x   2x   2x

2x   2x   4x

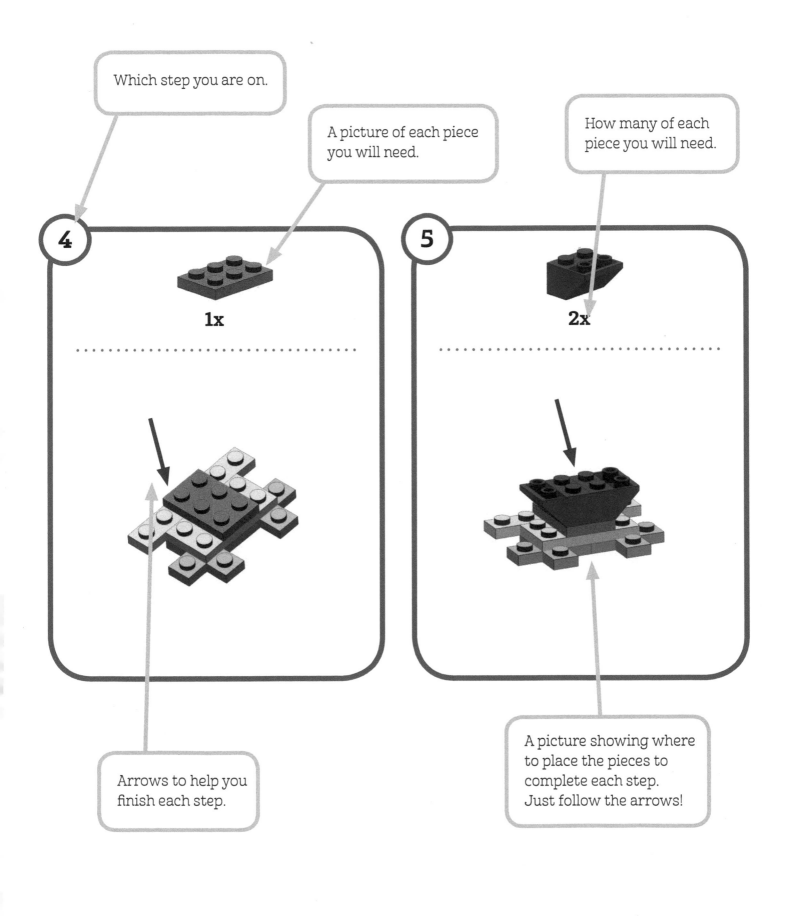

Which step you are on.

A picture of each piece you will need.

How many of each piece you will need.

4

1x

5

2x

Arrows to help you finish each step.

A picture showing where to place the pieces to complete each step. Just follow the arrows!

The Coast

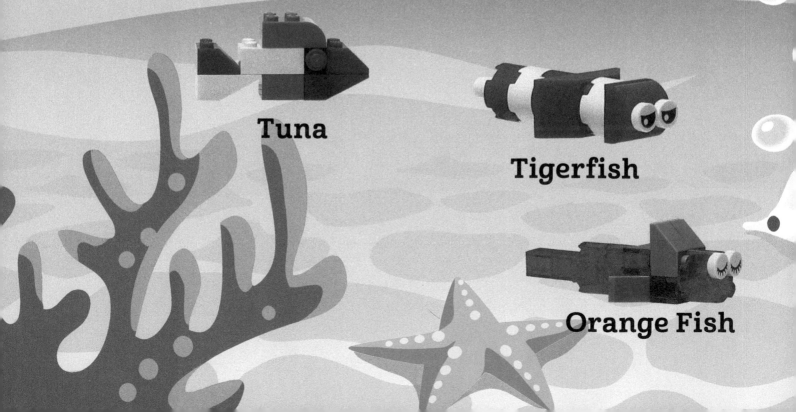

Crocodile

Tuna

Tigerfish

Orange Fish

Sea Lion

Sea Turtle

Build a Crocodile

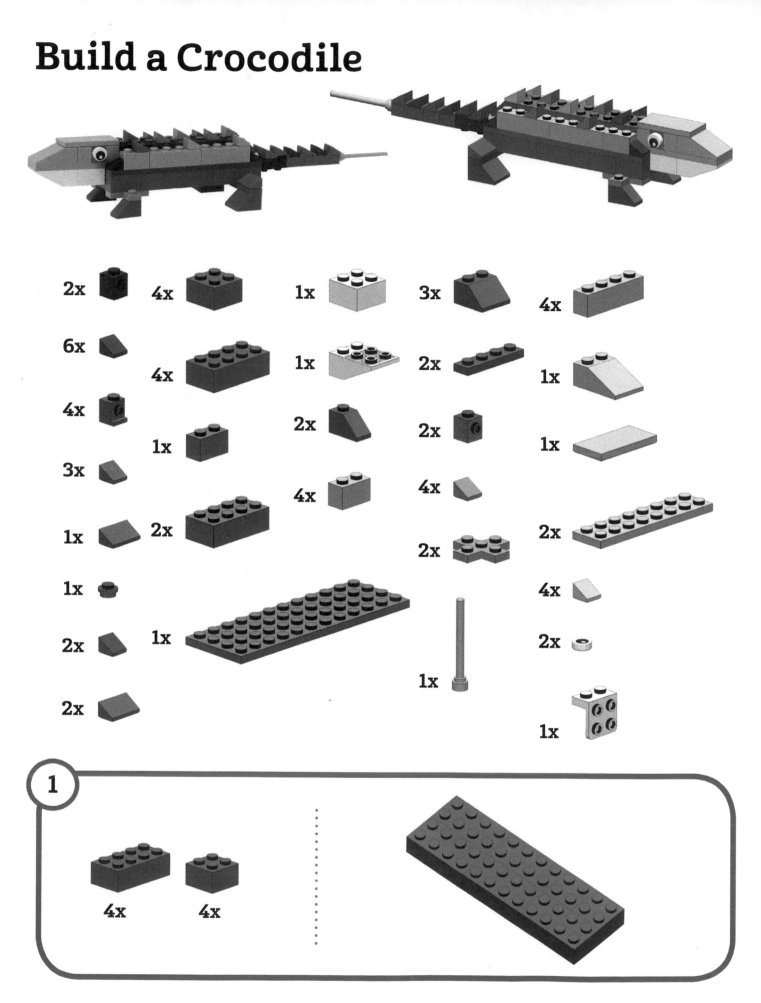

2x 4x 1x 3x 4x

6x 4x 1x 2x 1x

4x 1x 2x 2x 1x

3x 4x 4x

1x 2x 2x

1x 1x 2x

2x 4x

2x 1x 2x

1x

1x

1

4x   4x

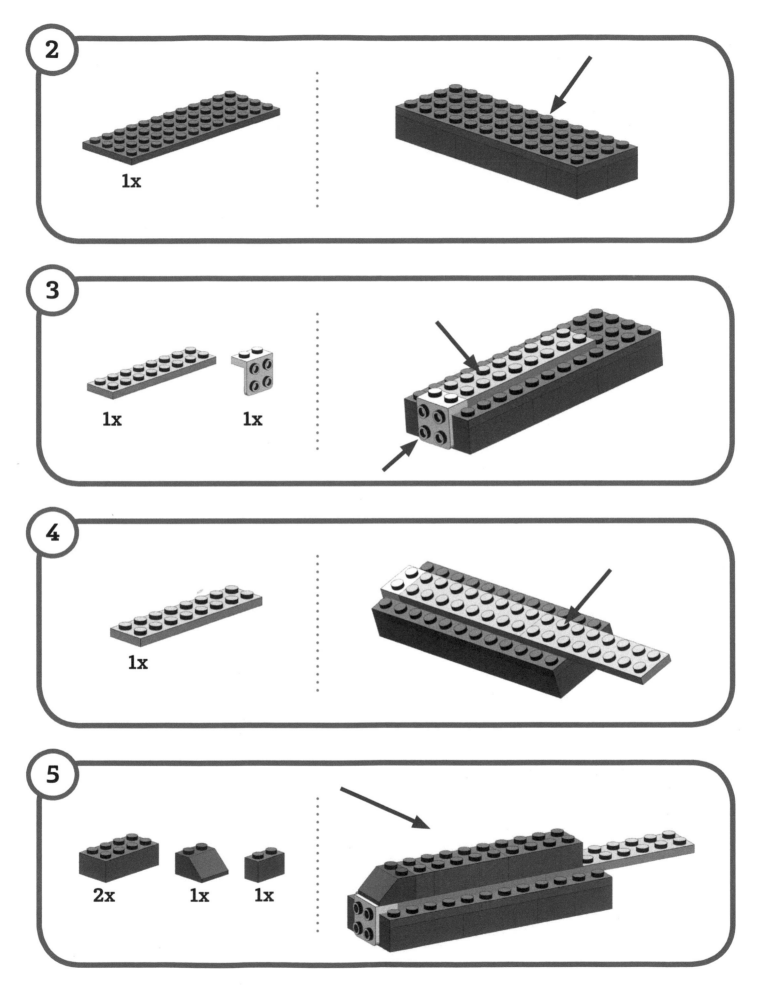

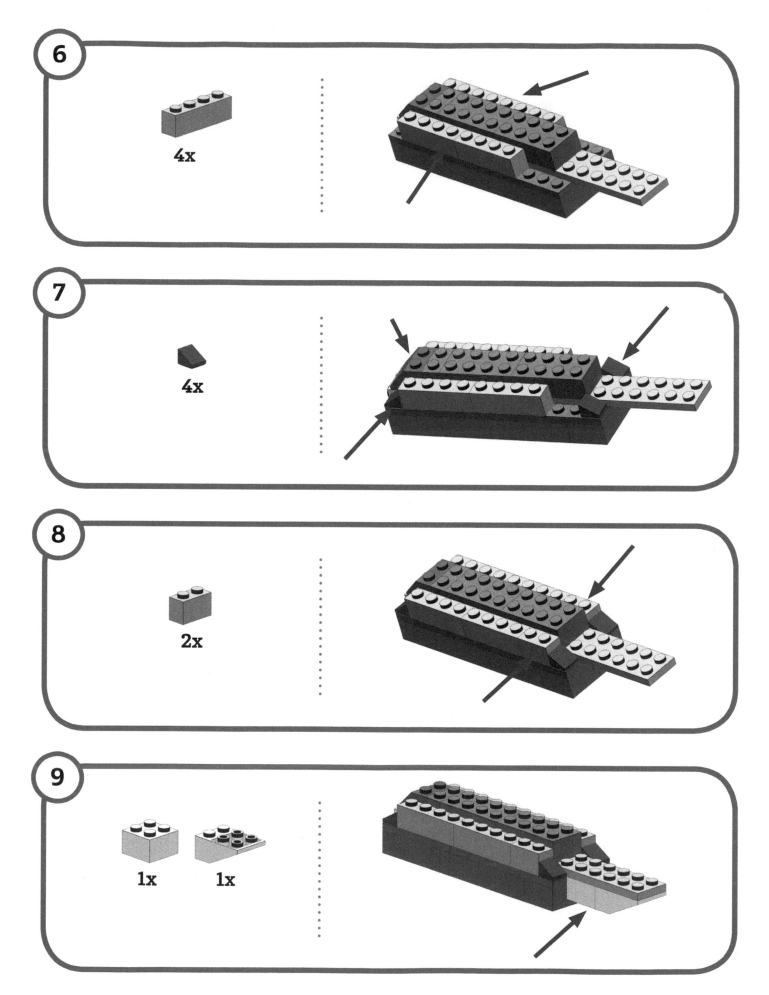

6 4x

7 4x

8 2x

9 1x 1x

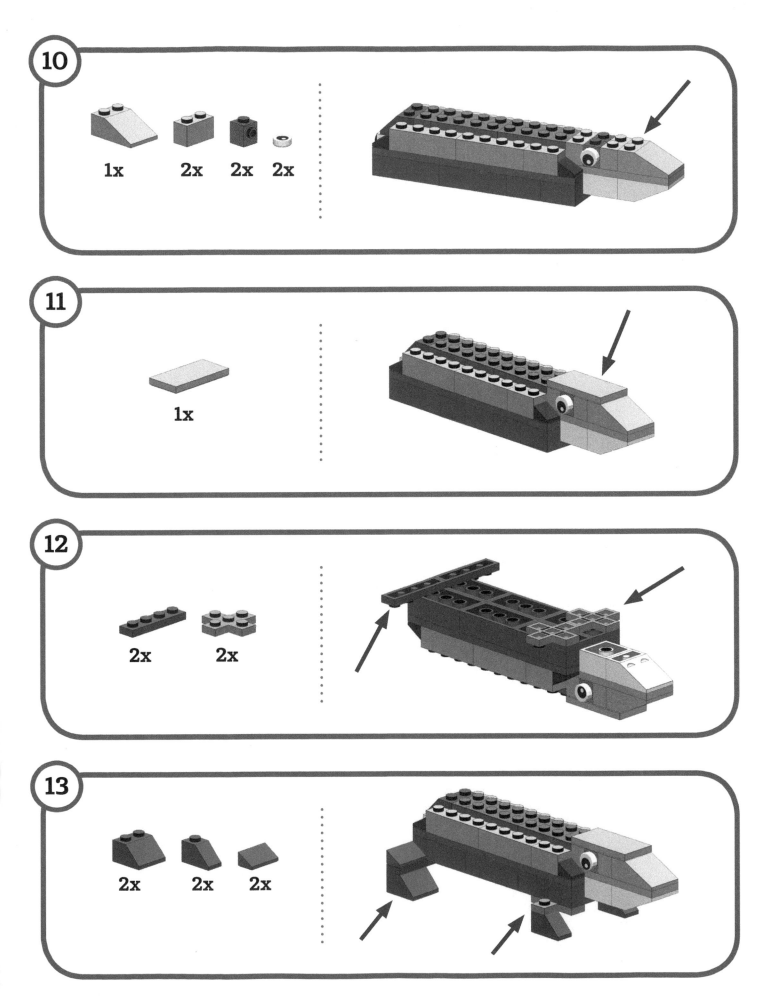

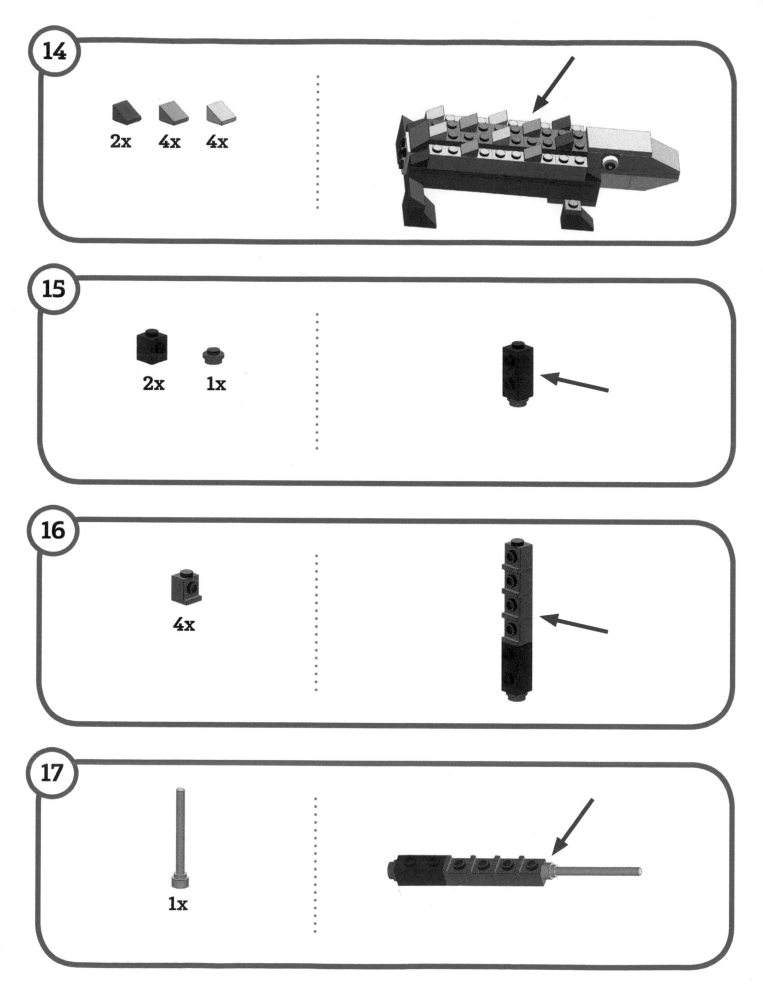

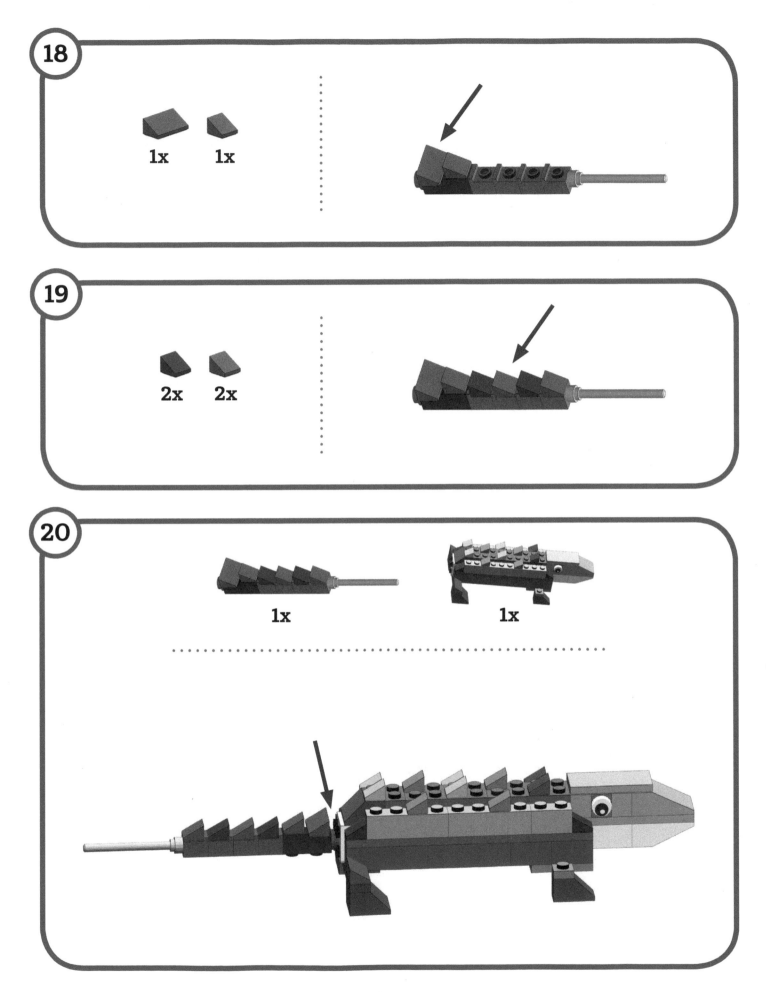

Build a Tuna

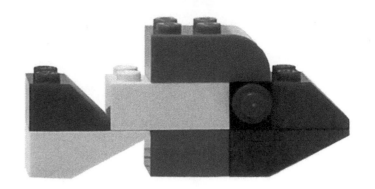

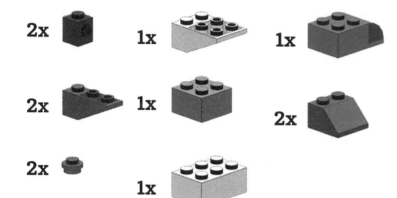

2x 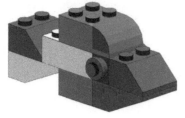   1x   1x

2x   1x

2x

2x

1x

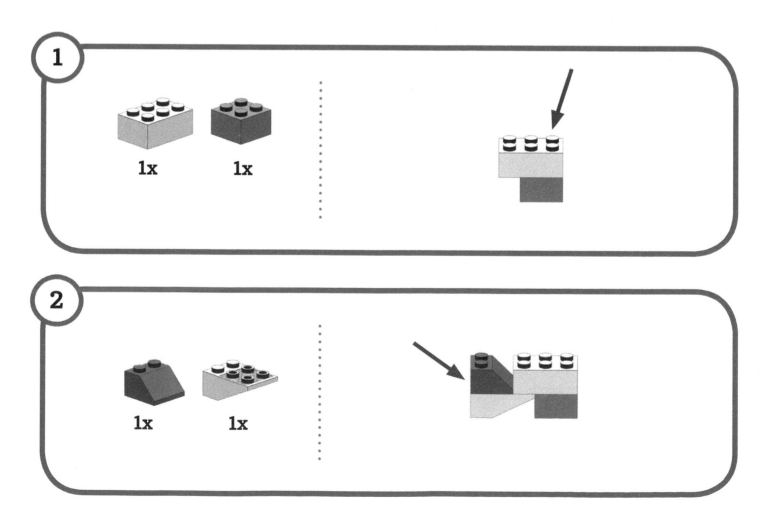

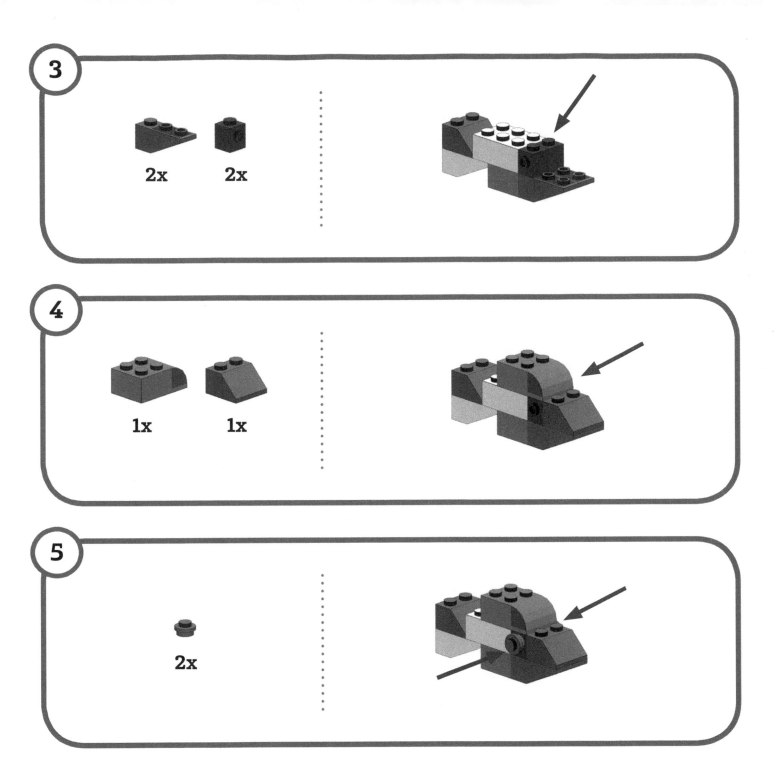

Build a Tigerfish

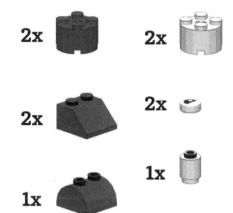

2x   2x

2x   2x

1x   1x

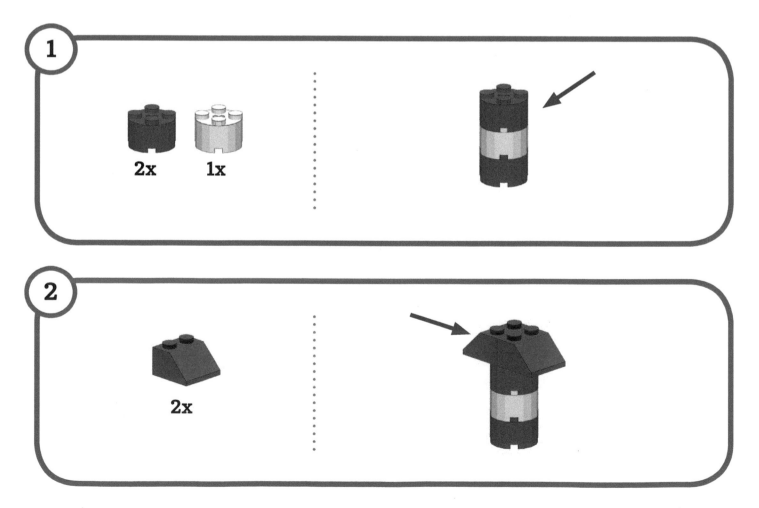

1

2x   1x

2

2x

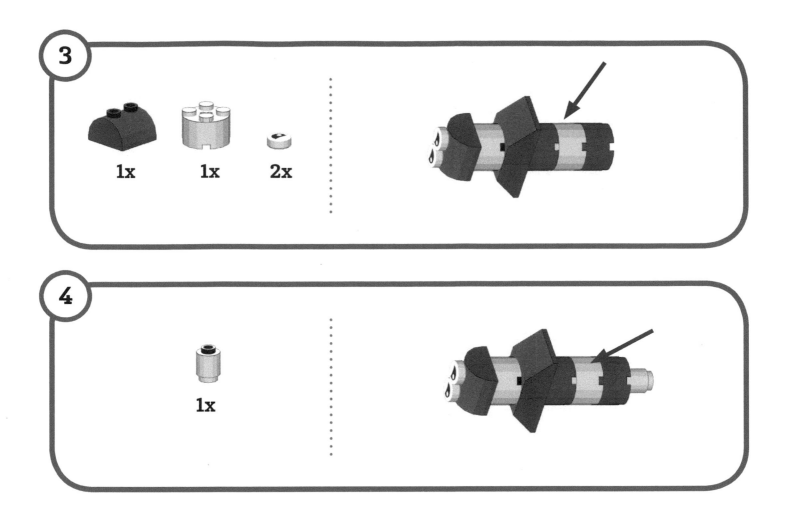

3

1x   1x   2x

4

1x

Build an Orange Fish

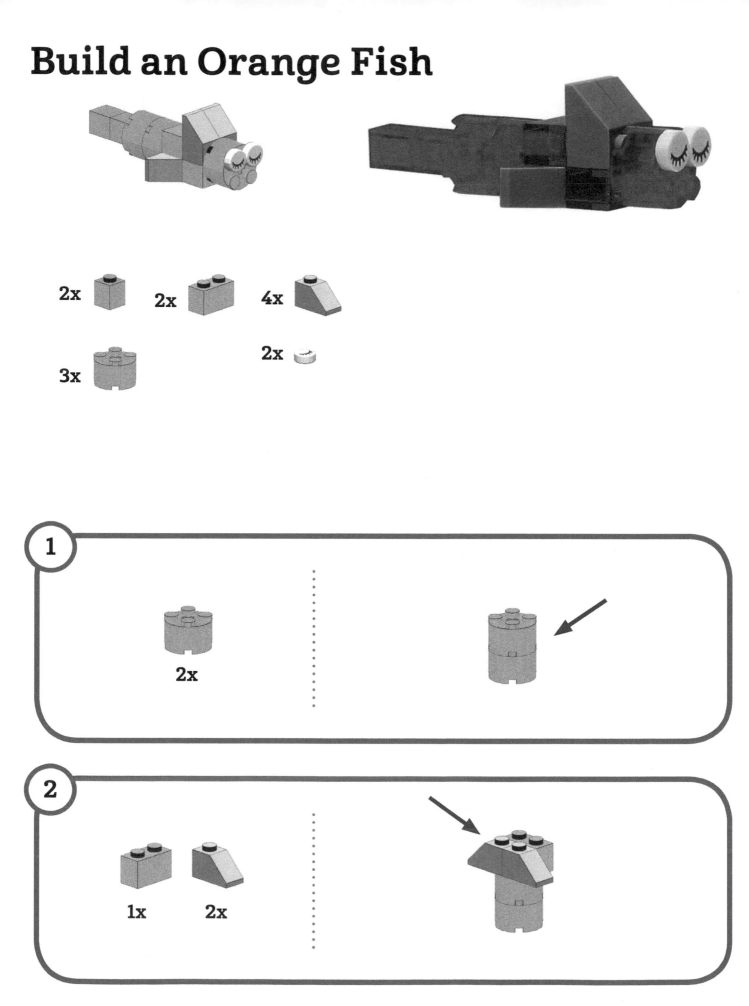

2x

2x

4x

3x

2x

1

2x

2

1x   2x

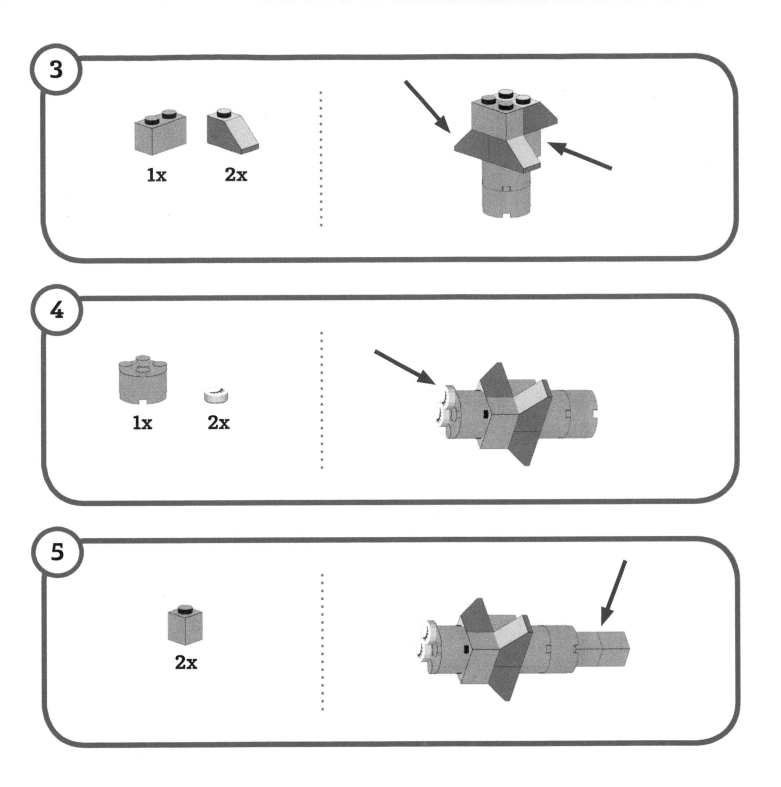

3

1x   2x

4

1x   2x

5

2x

19

Build a Sea Lion

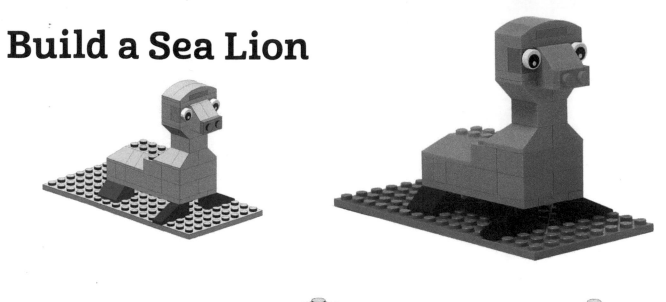

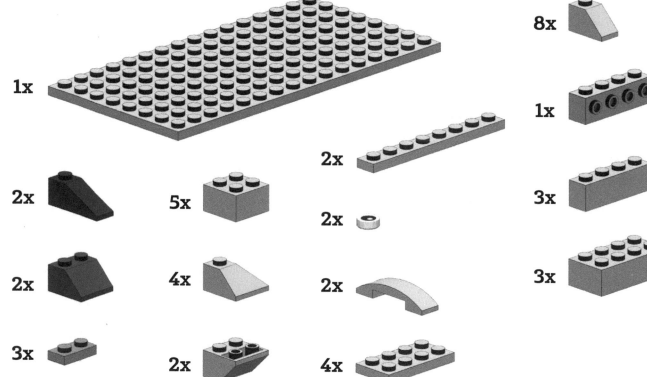

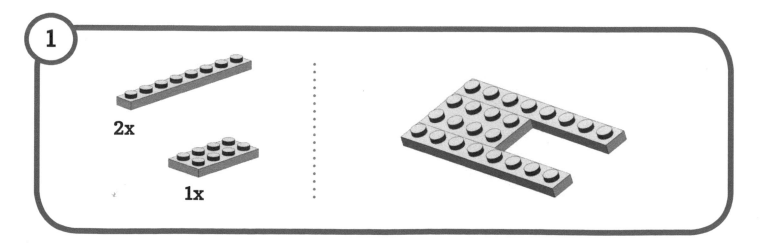

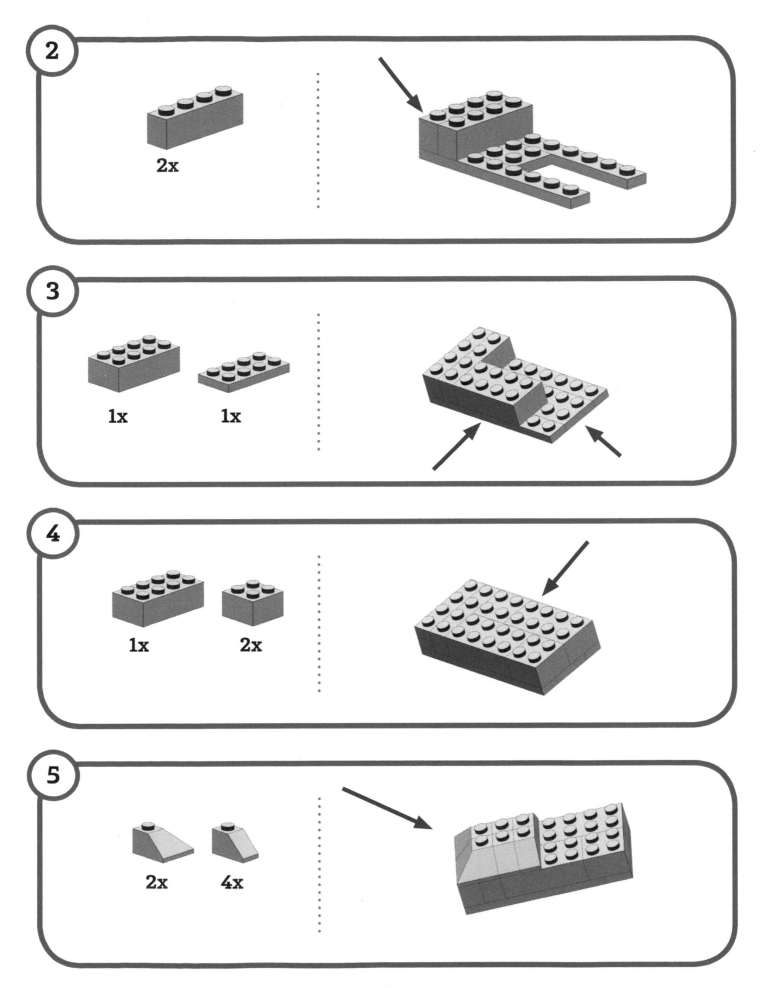

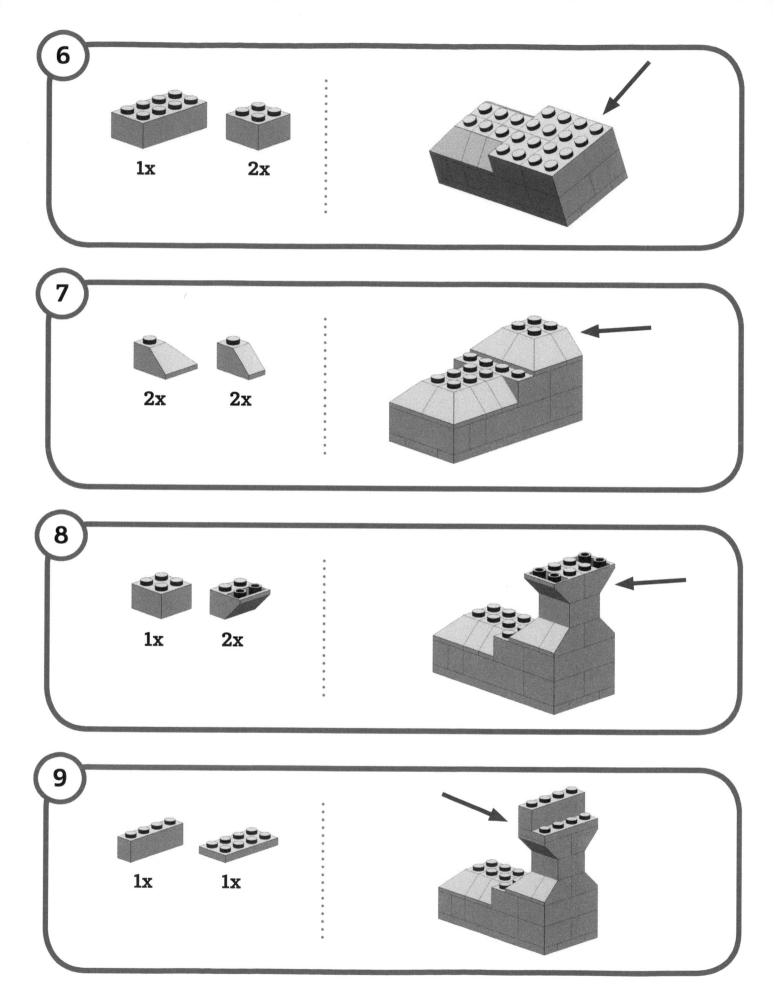

6   1x   2x

7   2x   2x

8   1x   2x

9   1x   1x

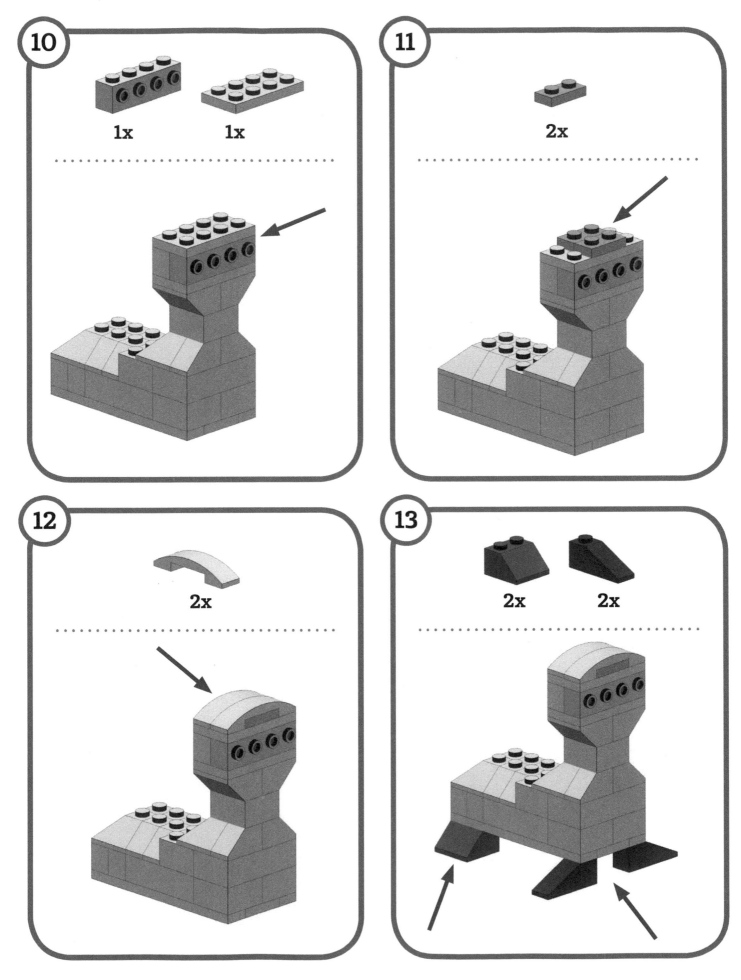

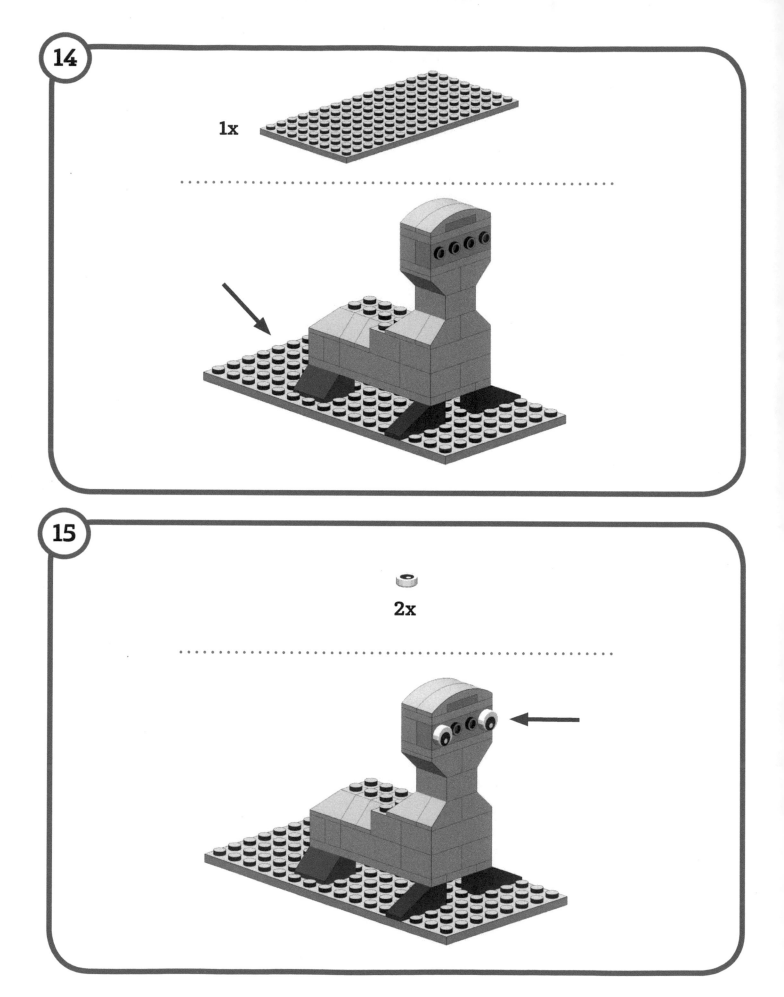

16

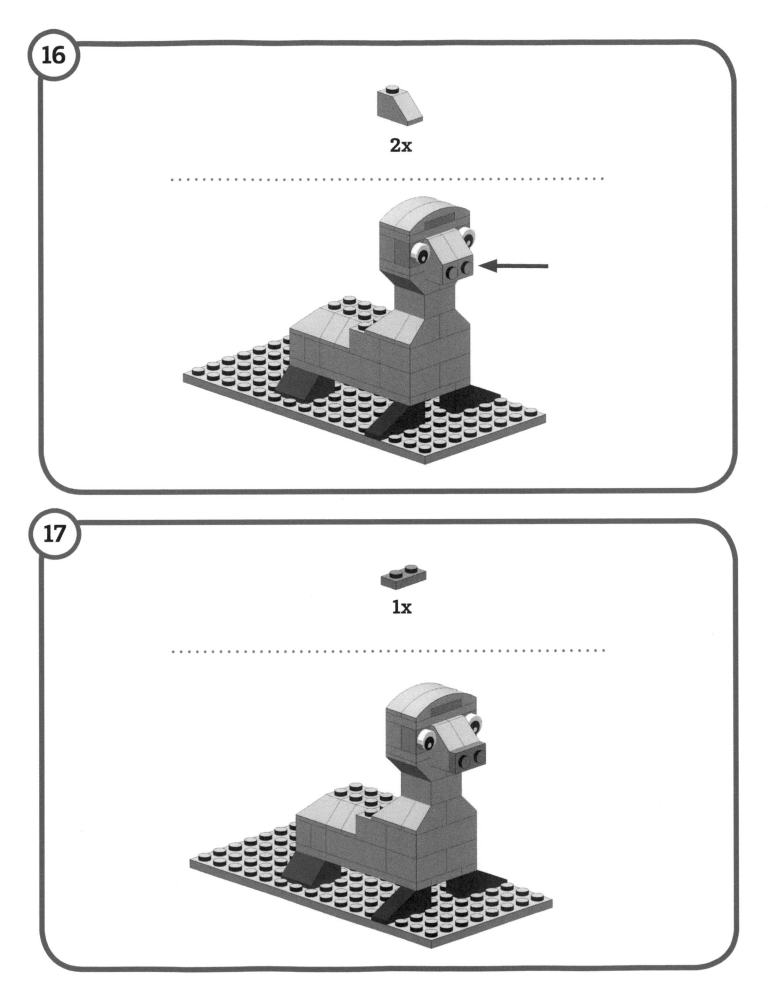

2x

17

1x

Build a Sea Turtle

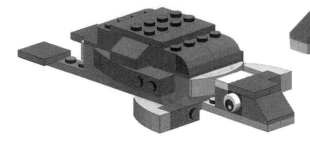

2x 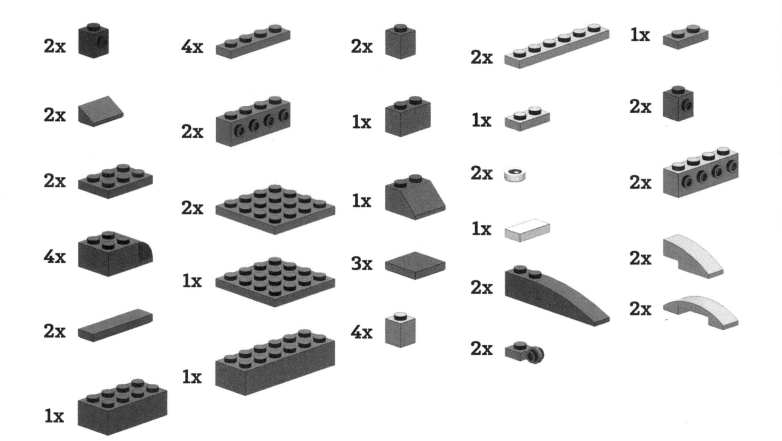 4x 2x 2x 1x

2x 2x 1x 1x 2x

2x 2x 1x 2x 2x

4x 1x 3x 1x 2x

2x 4x 2x 2x

1x 1x 2x

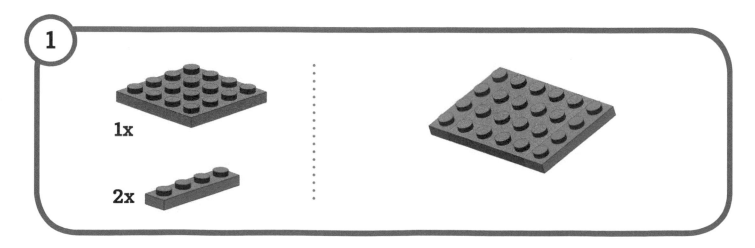

1

1x

2x

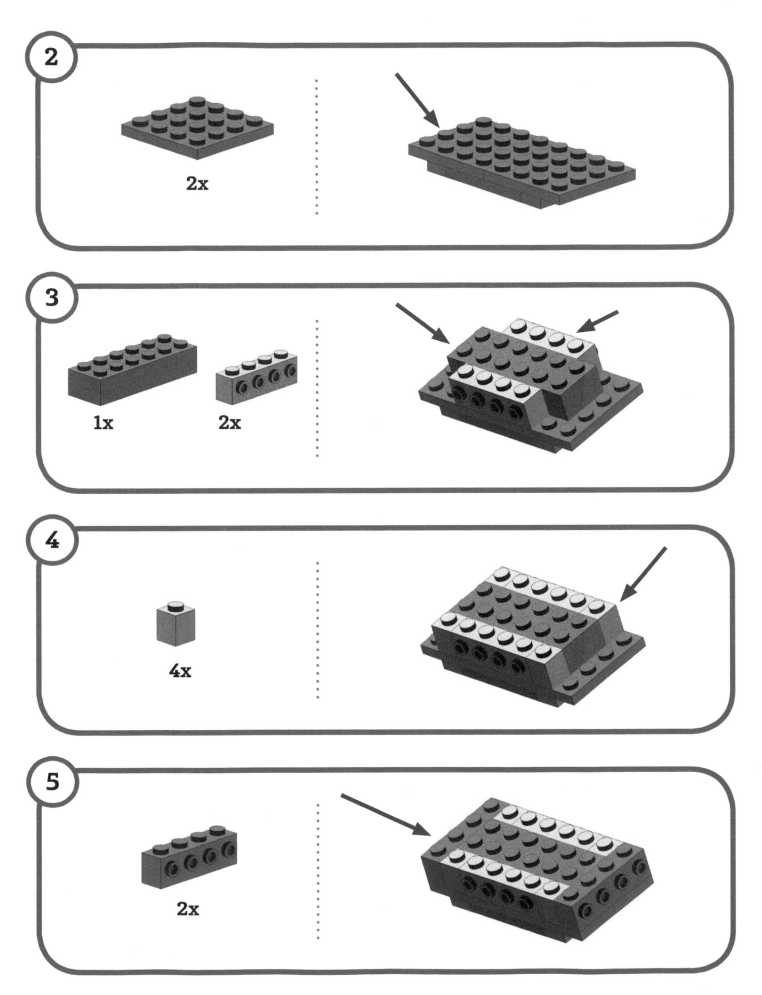

2

2x

3

1x   2x

4

4x

5

2x

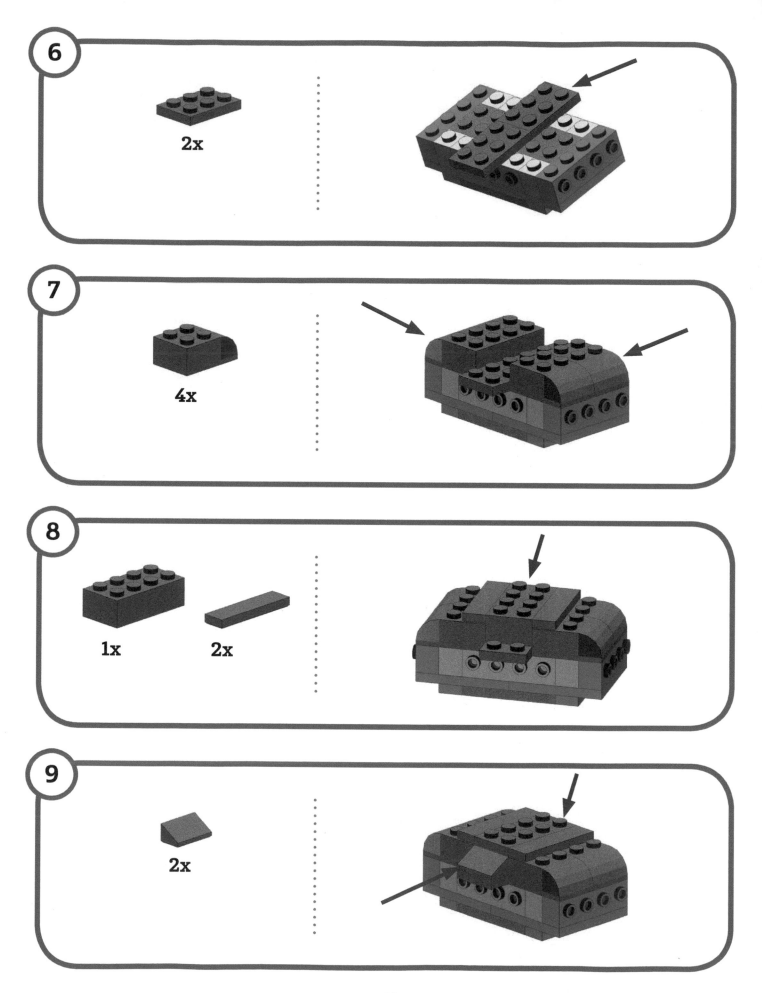

6 2x

7 4x

8 1x 2x

9 2x

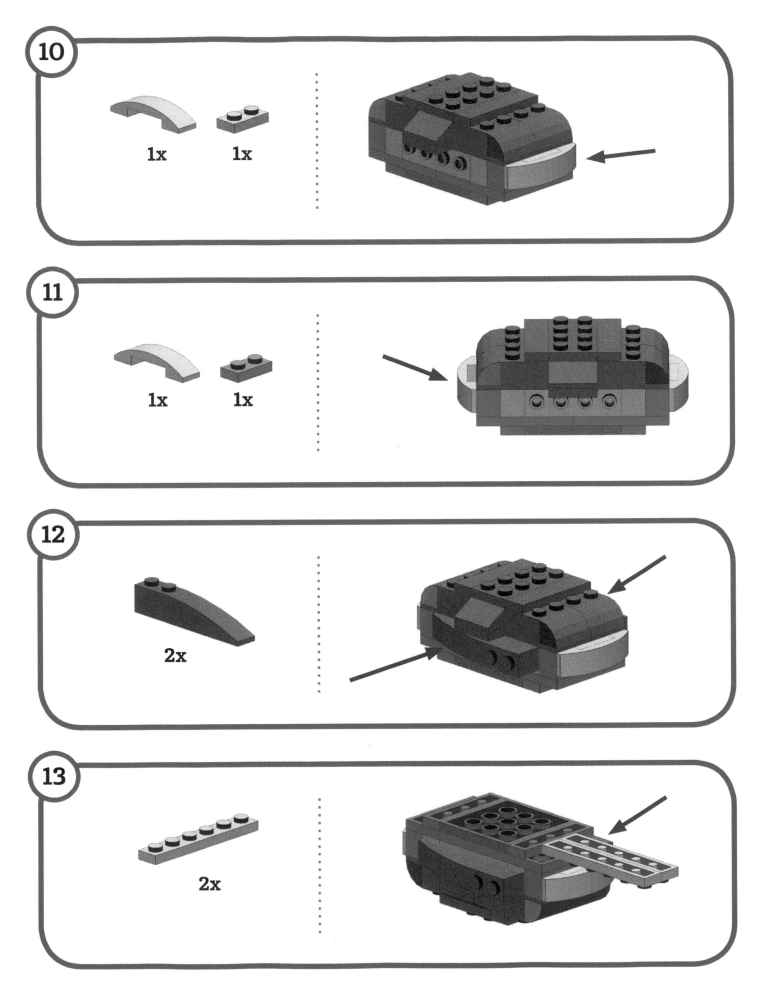

10

1x 1x

11

1x 1x

12

2x

13

2x

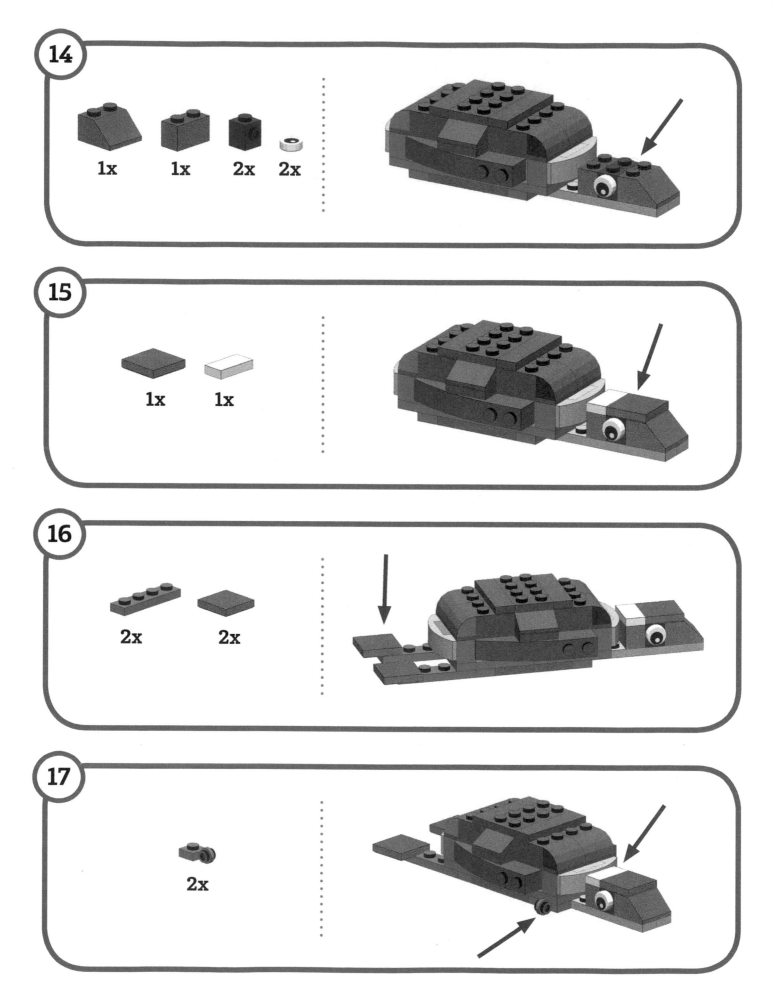

14

1x 1x 2x 2x

15

1x 1x

16

2x 2x

17

2x

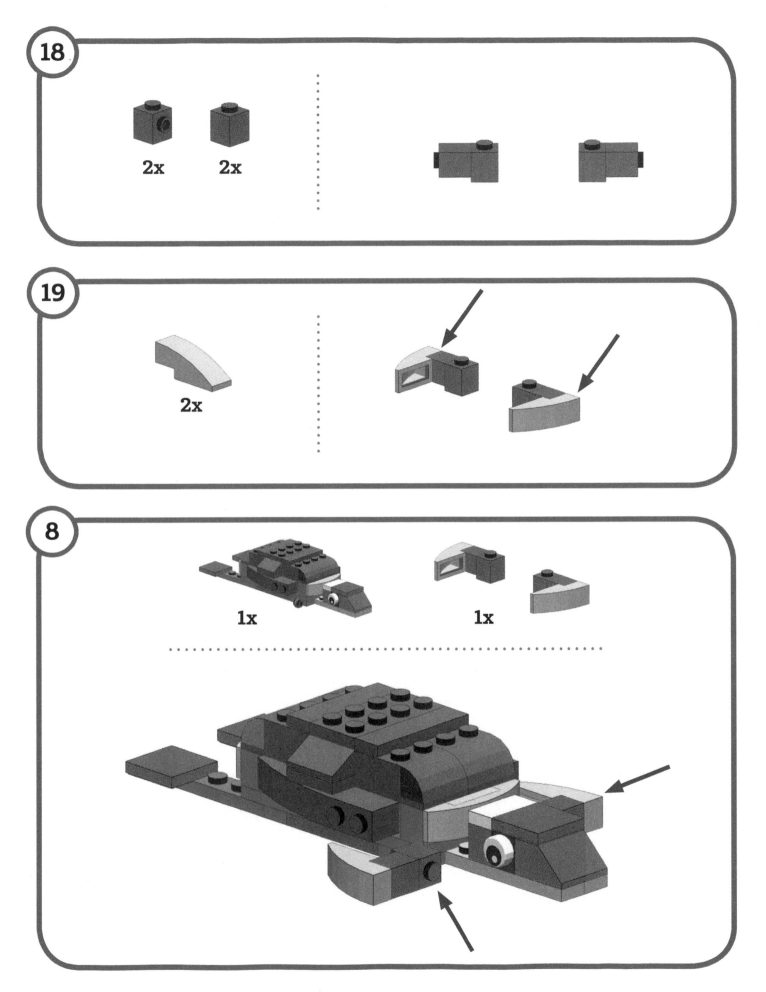

18 2x 2x

19 2x

8 1x 1x

Sharks!

Hammerhead Shark

Swordfish

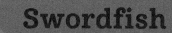

Great White Shark

Bull Shark

Build a Hammerhead Shark

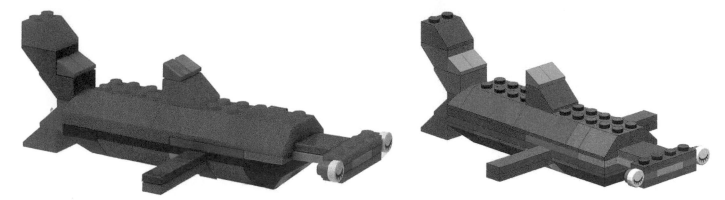

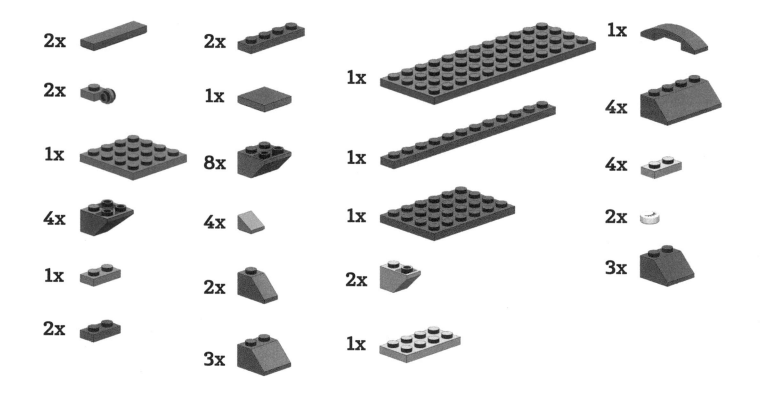

2x

2x

1x

4x

1x

2x

2x

1x

8x

4x

2x

3x

1x

1x

1x

1x

1x

2x

1x

1x

4x

4x

4x

2x

3x

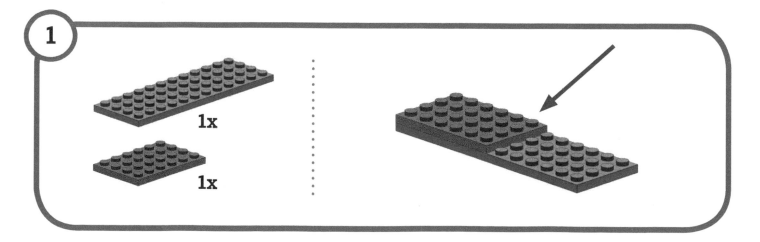

1

1x

1x

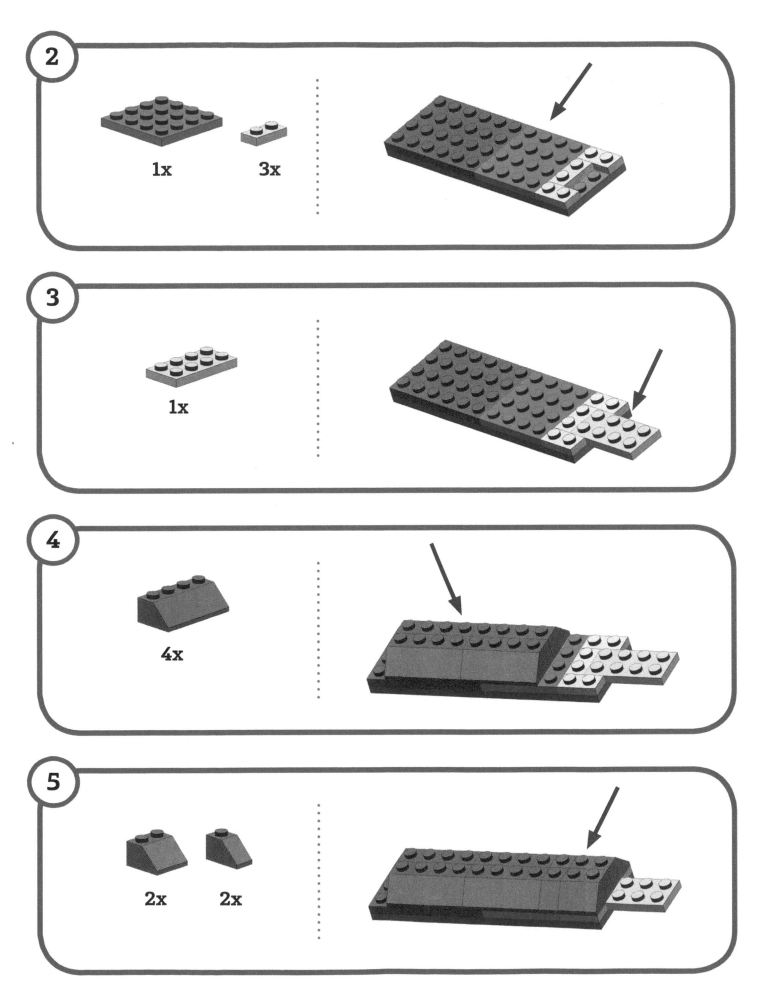

2

1x   3x

3

1x

4

4x

5

2x   2x

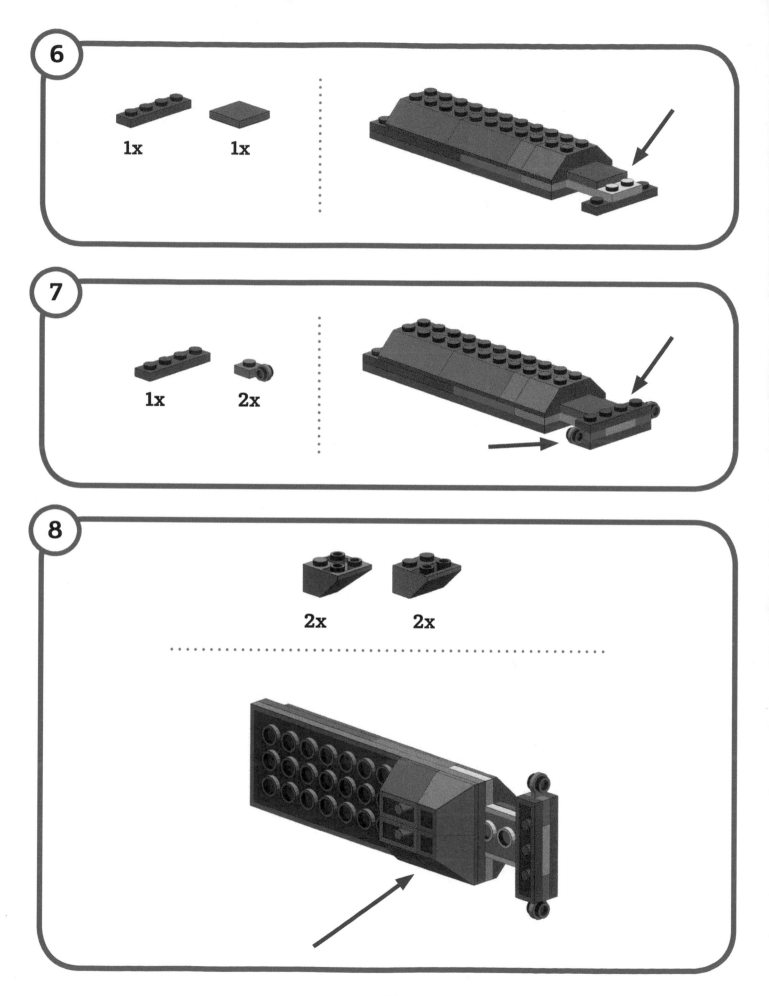

6

1x   1x

7

1x   2x

8

2x   2x

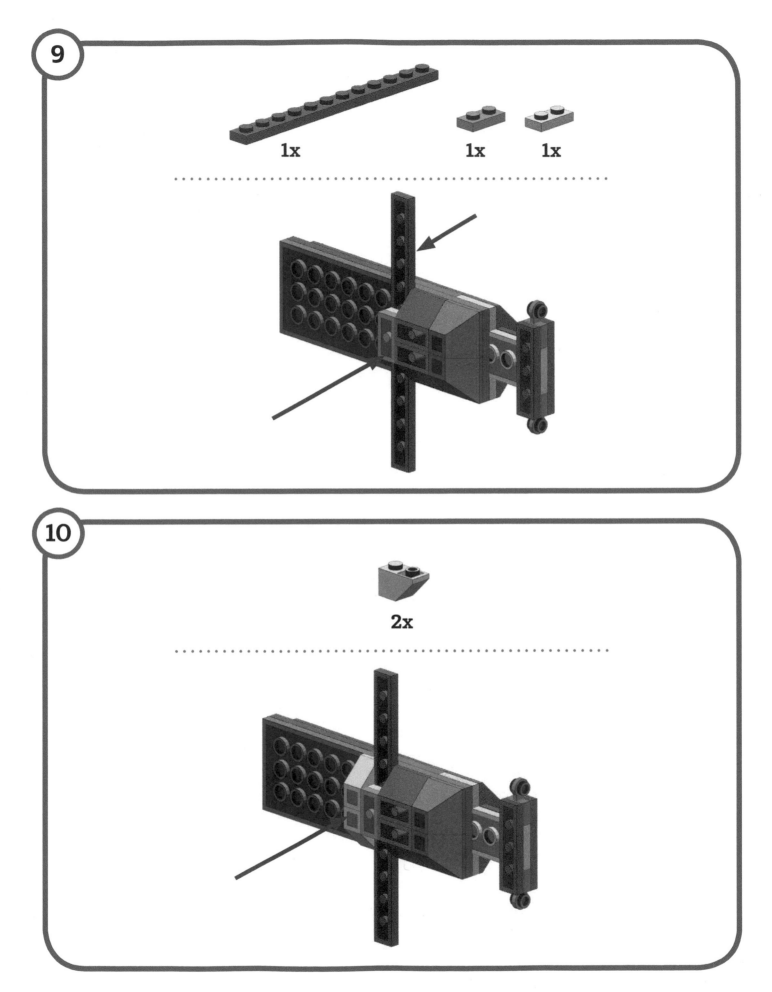

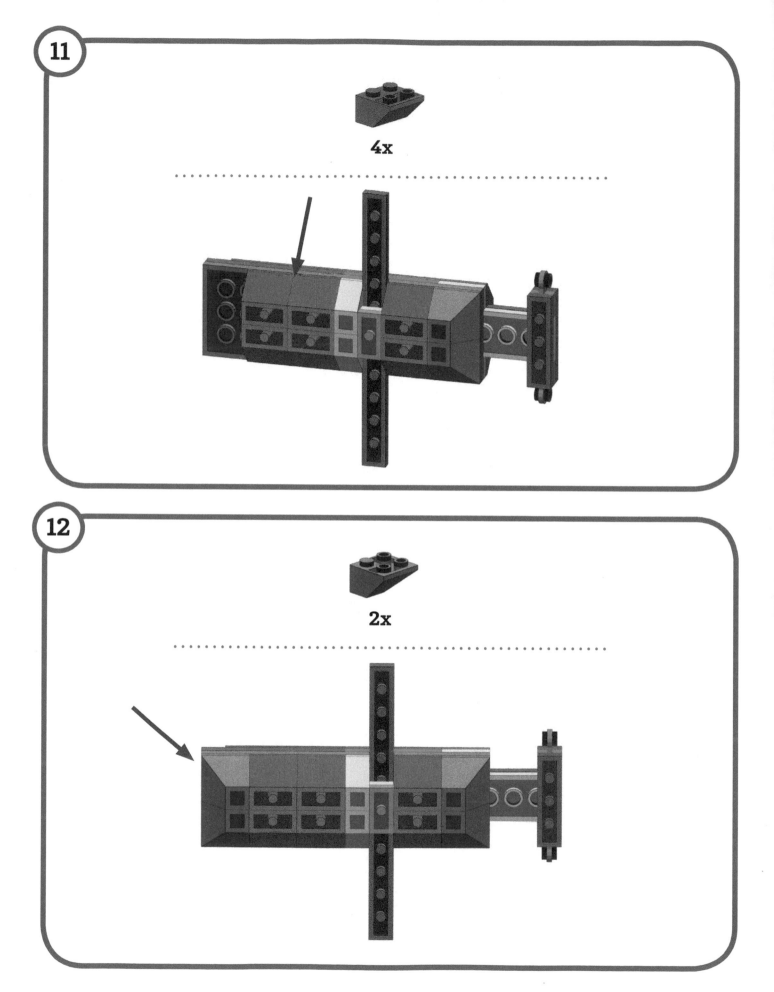

11

4x

12

2x

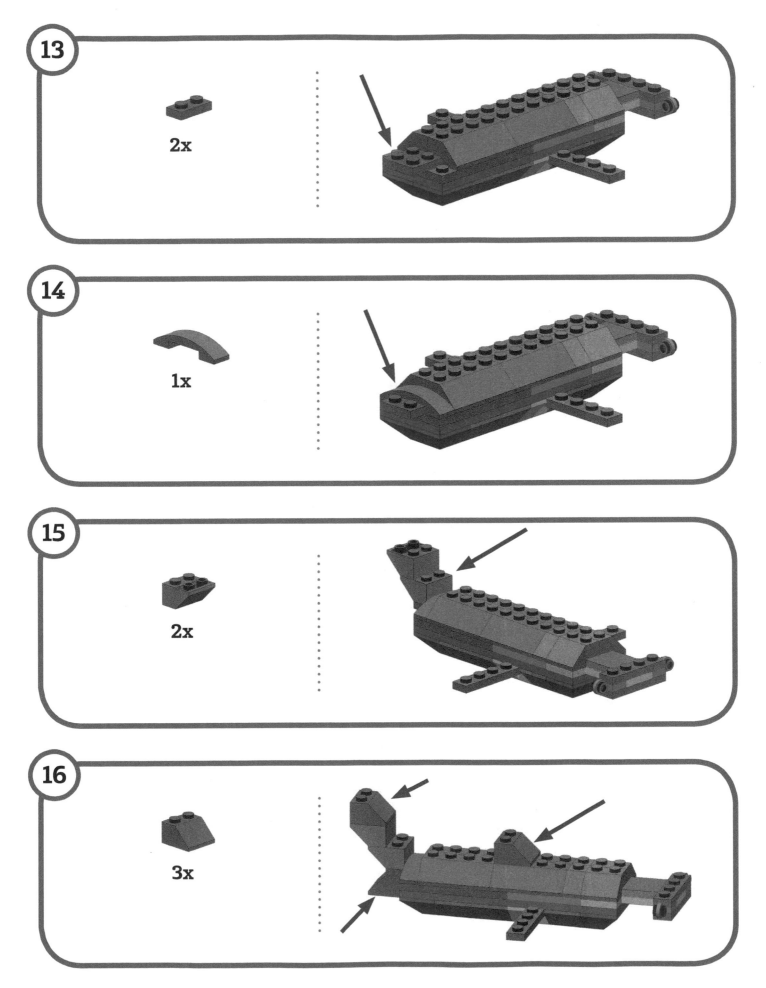

13

2x

14

1x

15

2x

16

3x

17

1x

18

4x

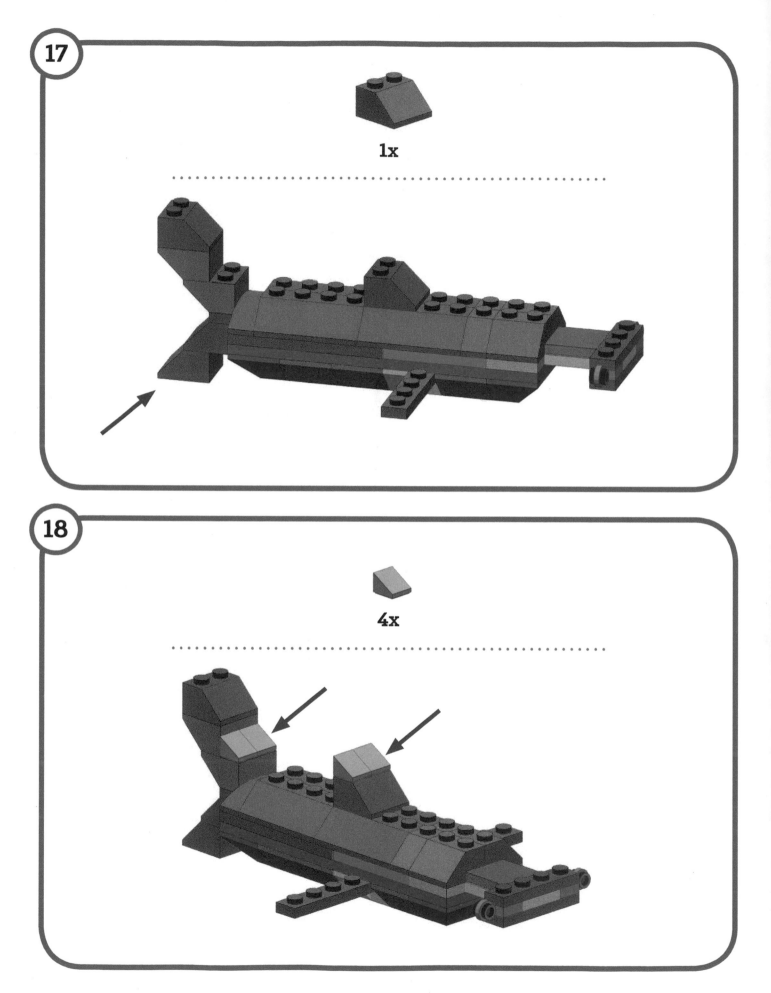

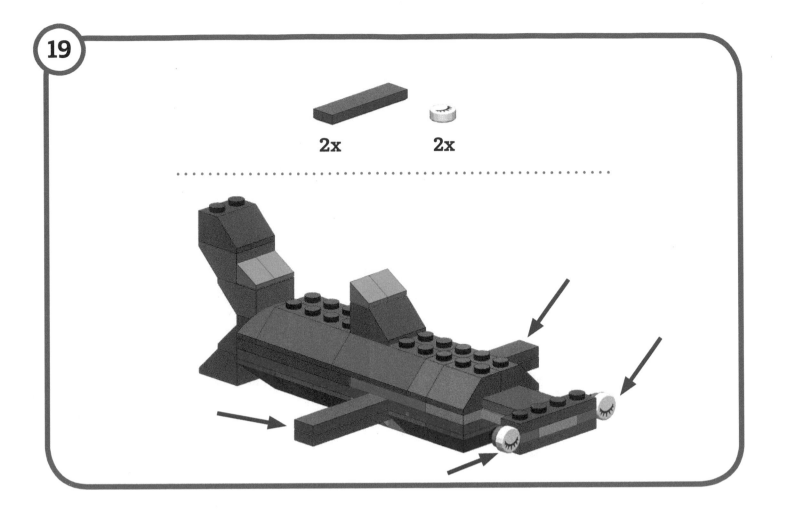

2x   2x

Build a Swordfish

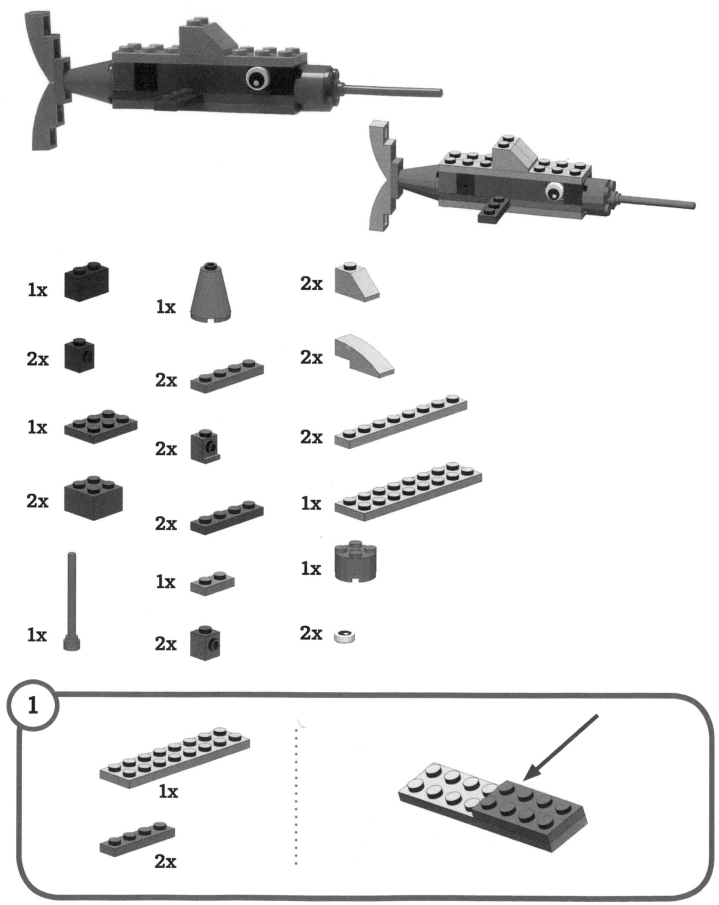

1x

1x

2x

2x

2x

2x

1x

2x

2x

1x

2x

2x

2x

1x

2x

1x

1x

1x

2x

1

1x

2x

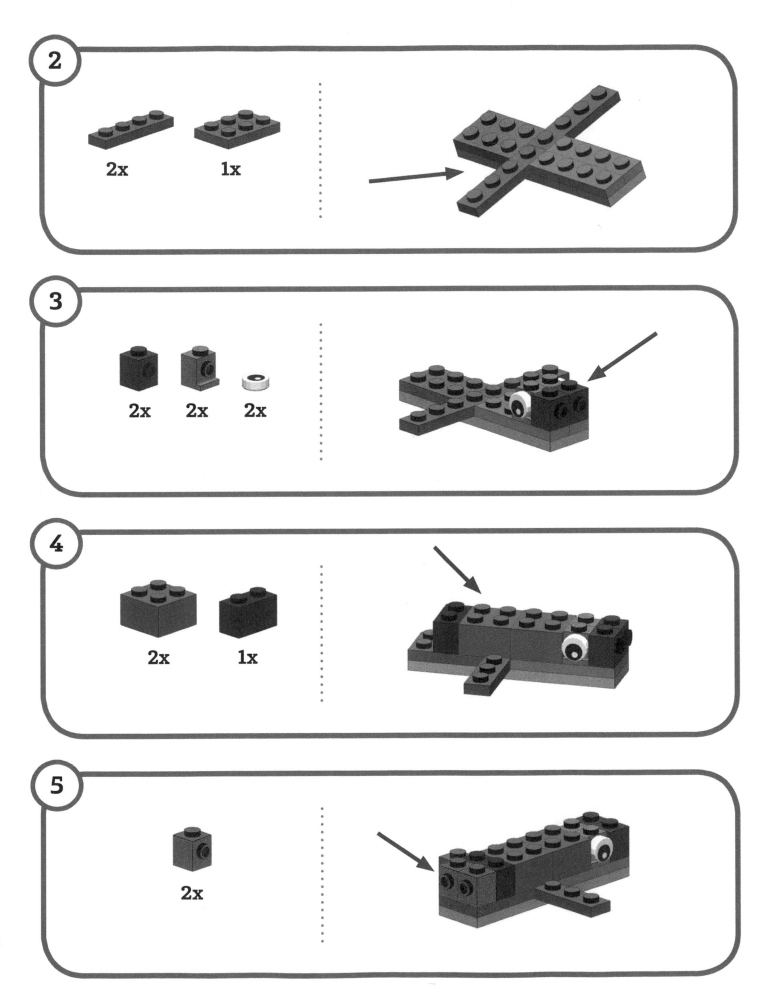

2

2x 1x

3

2x 2x 2x

4

2x 1x

5

2x

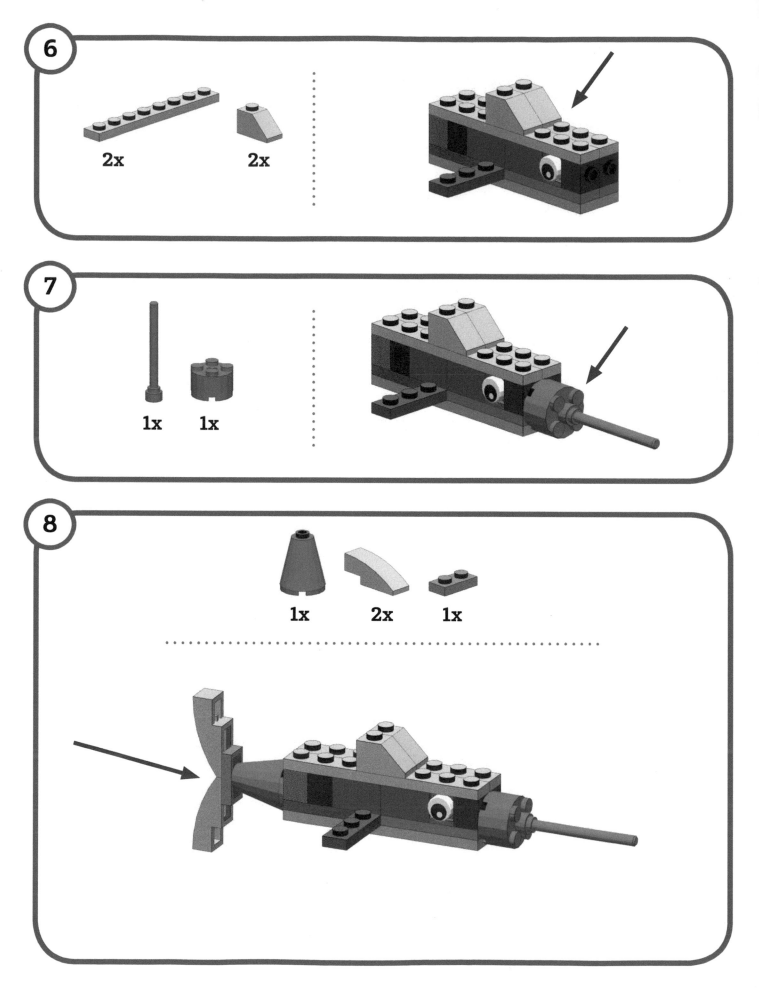

6

2x   2x

7

1x   1x

8

1x   2x   1x

Build a Great White Shark

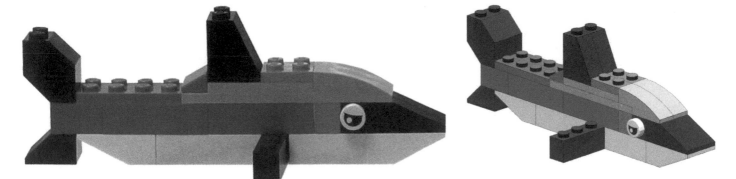

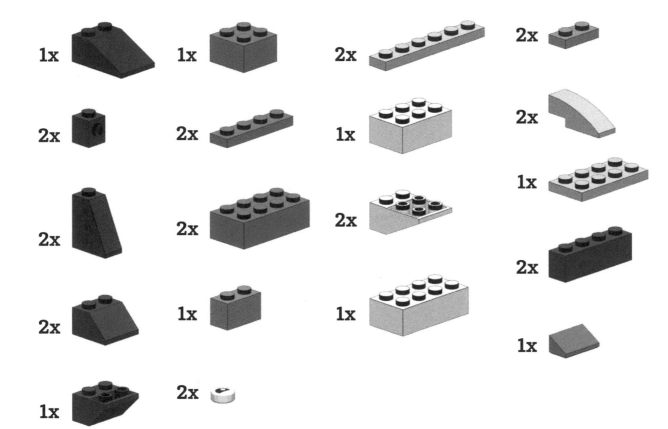

1x

2x

2x

2x

1x

1x

2x

2x

2x

1x

2x

2x

2x

2x

1x

2x

1x

1x

1x

1x

2x

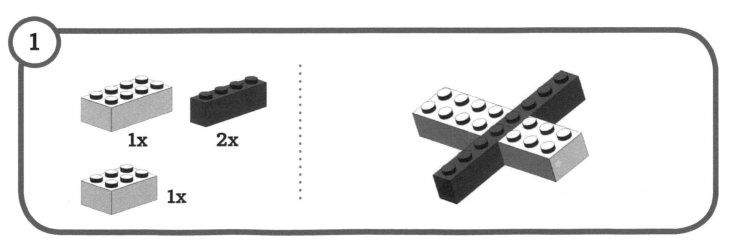

1

1x   2x

1x

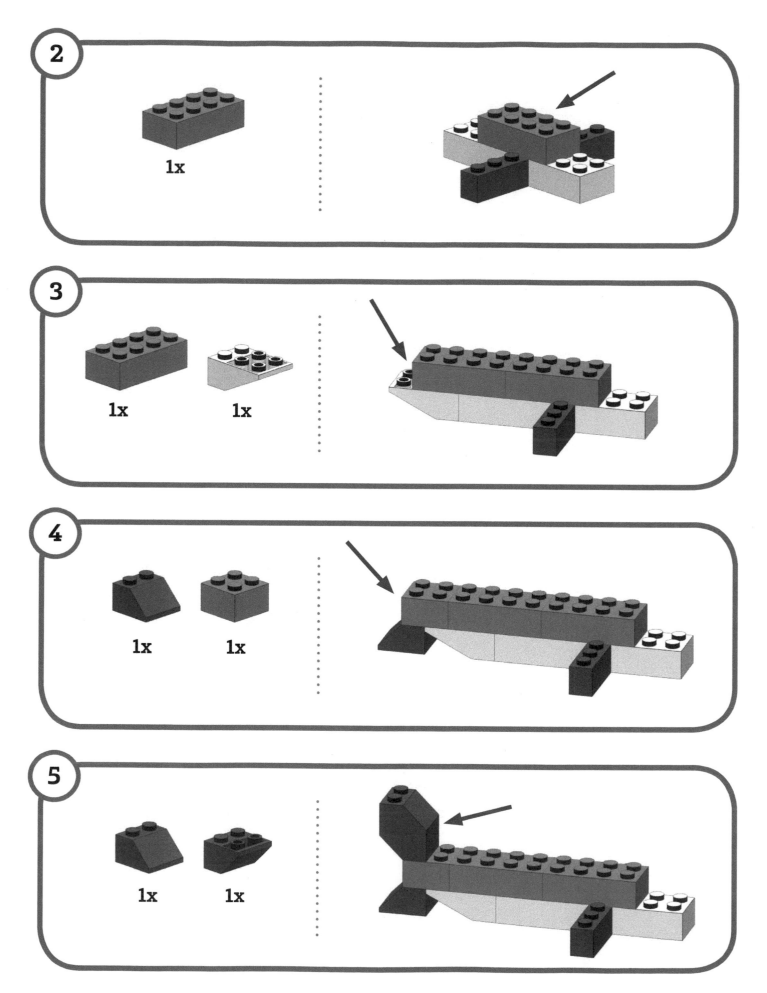

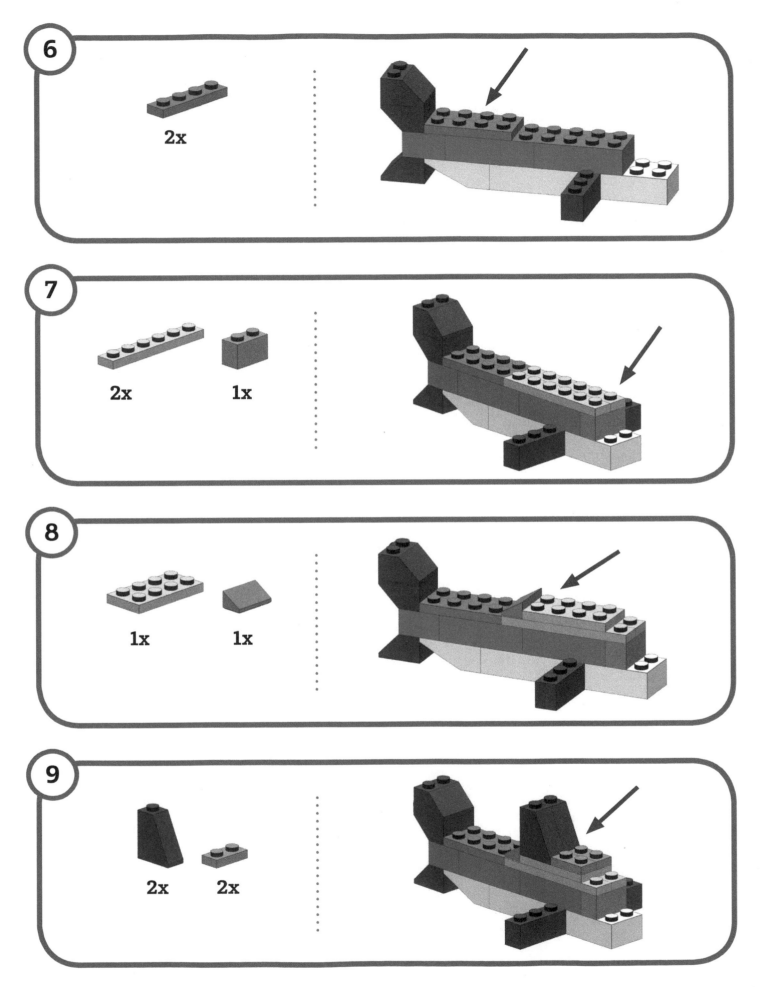

6 2x

7 2x 1x

8 1x 1x

9 2x 2x

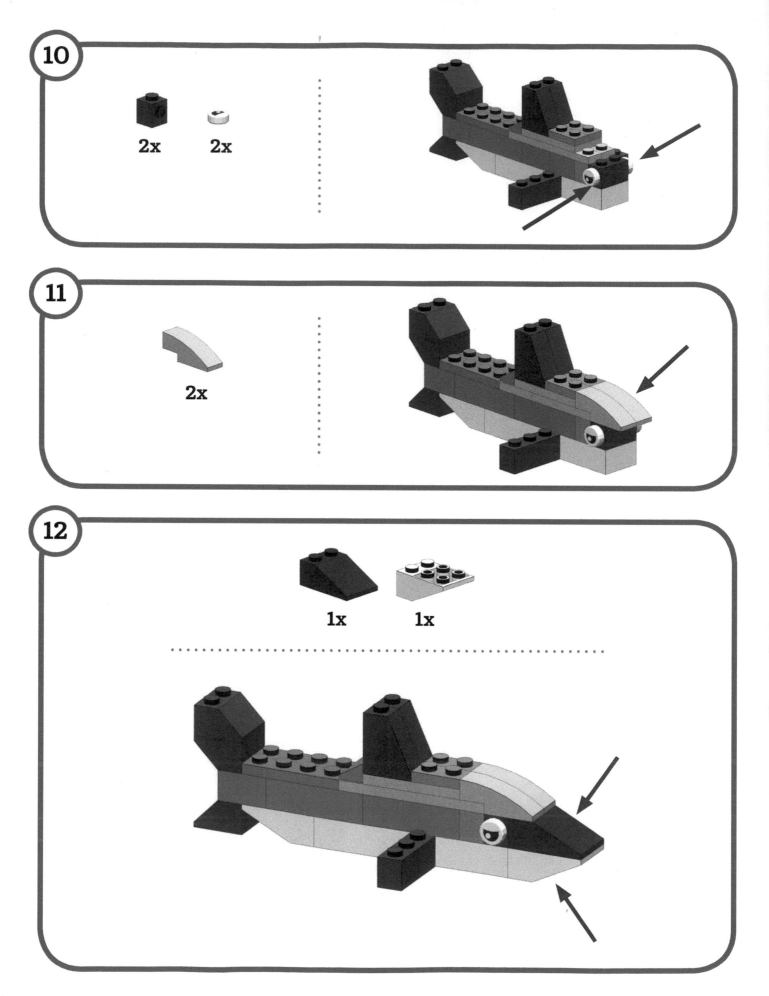

10

2x 2x

11

2x

12

1x 1x

Build a Bull Shark

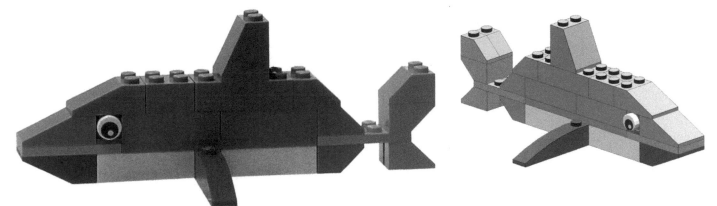

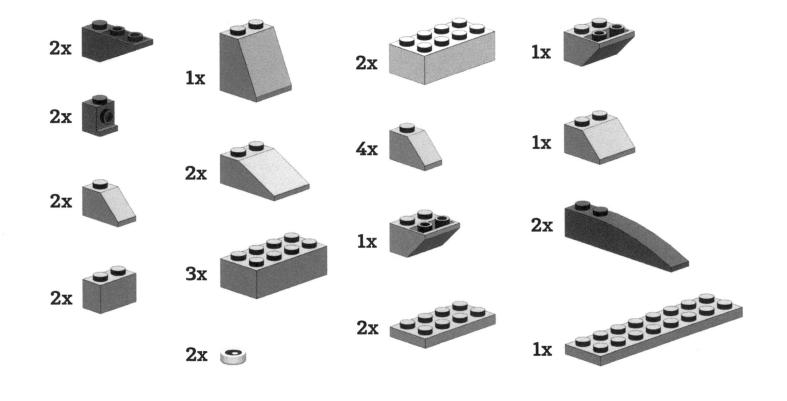

2x

1x

2x

2x

2x

2x

3x

2x

2x

4x

1x

2x

1x

1x

2x

1x

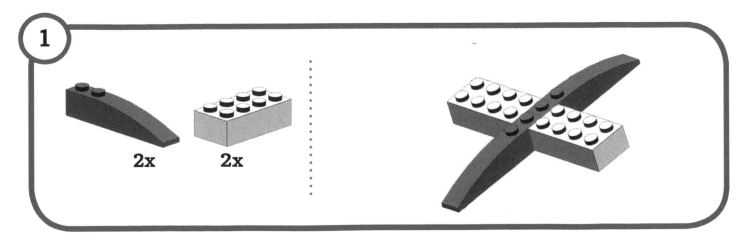

1

2x   2x

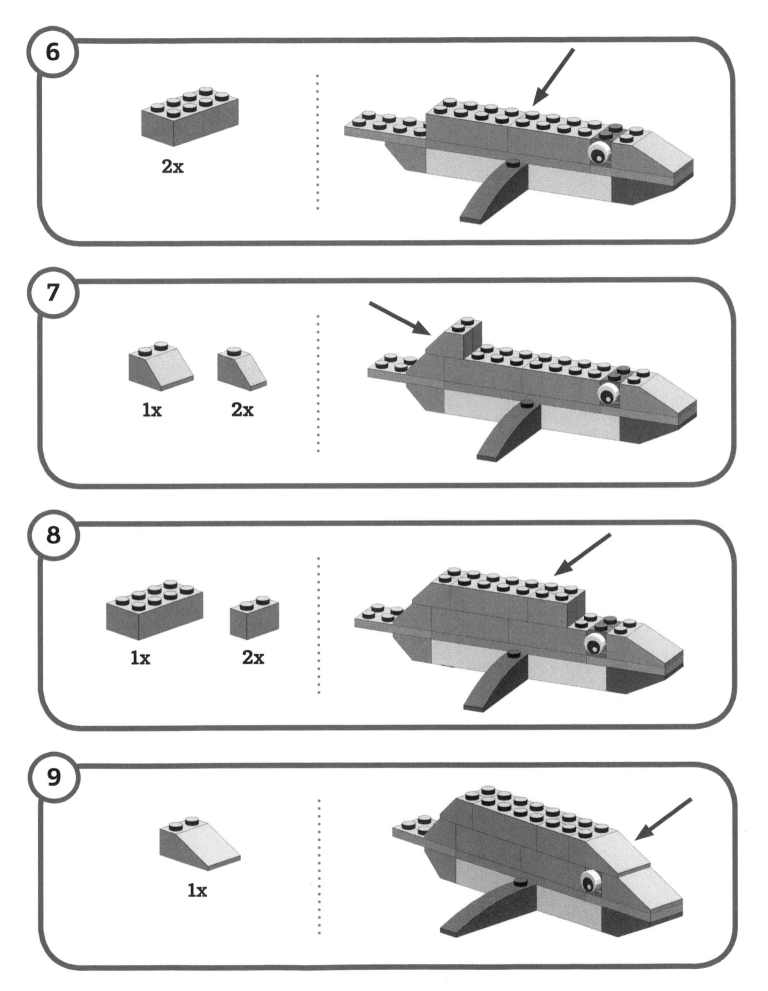

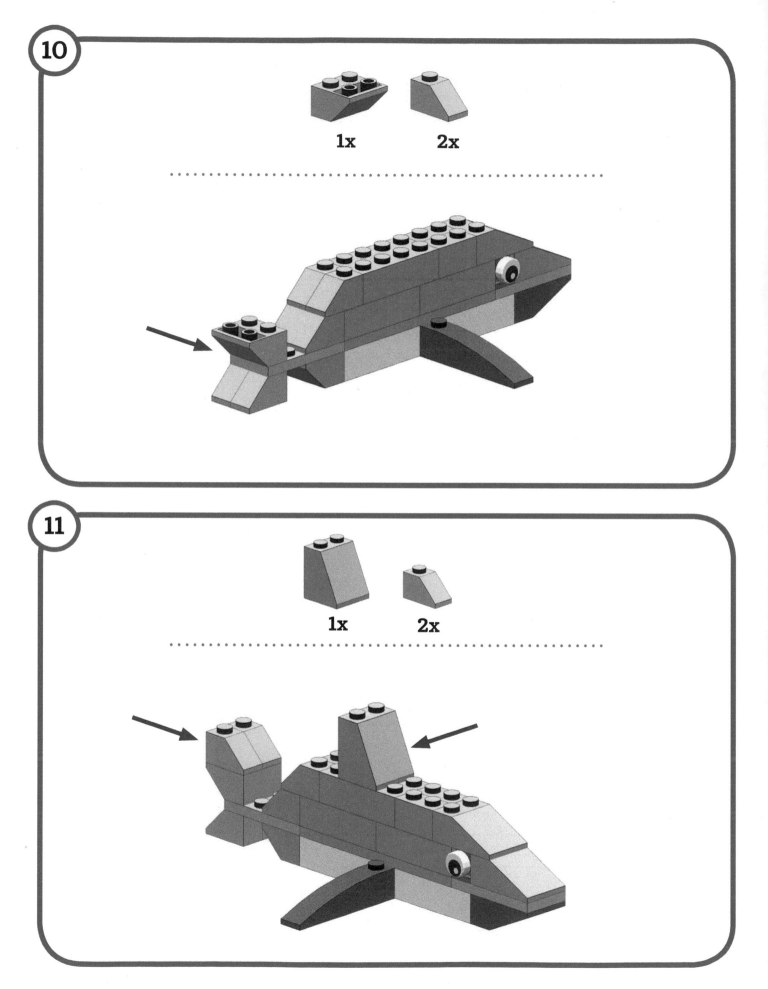

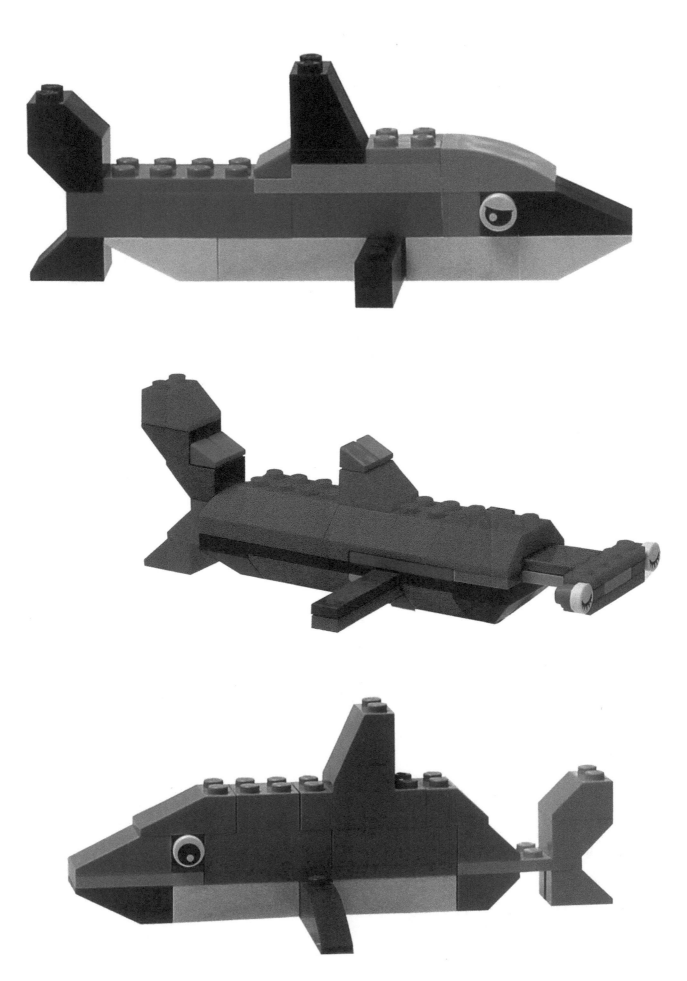

Cold Water

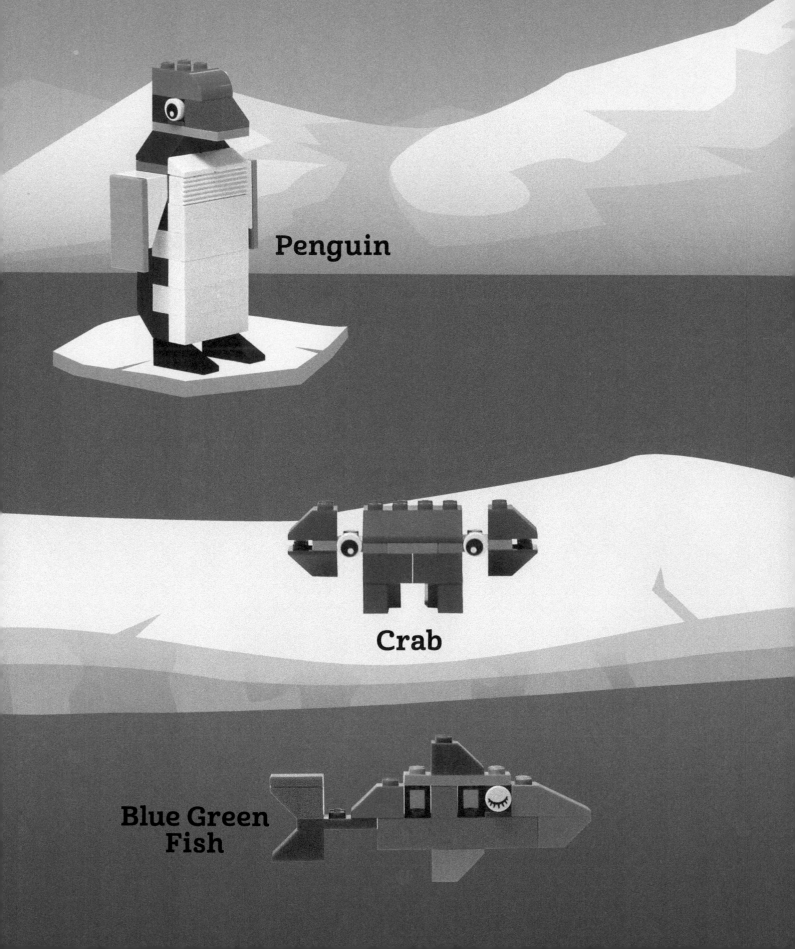

Penguin

Crab

Blue Green
Fish

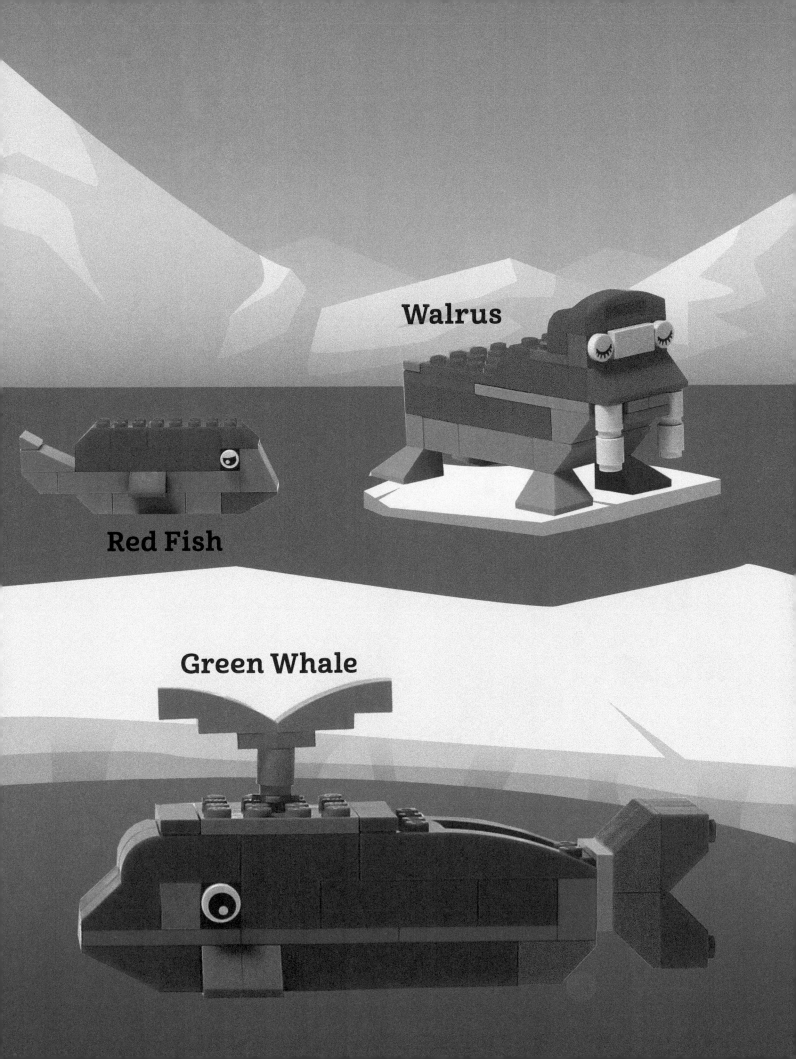

Walrus

Red Fish

Green Whale

Build a Penguin

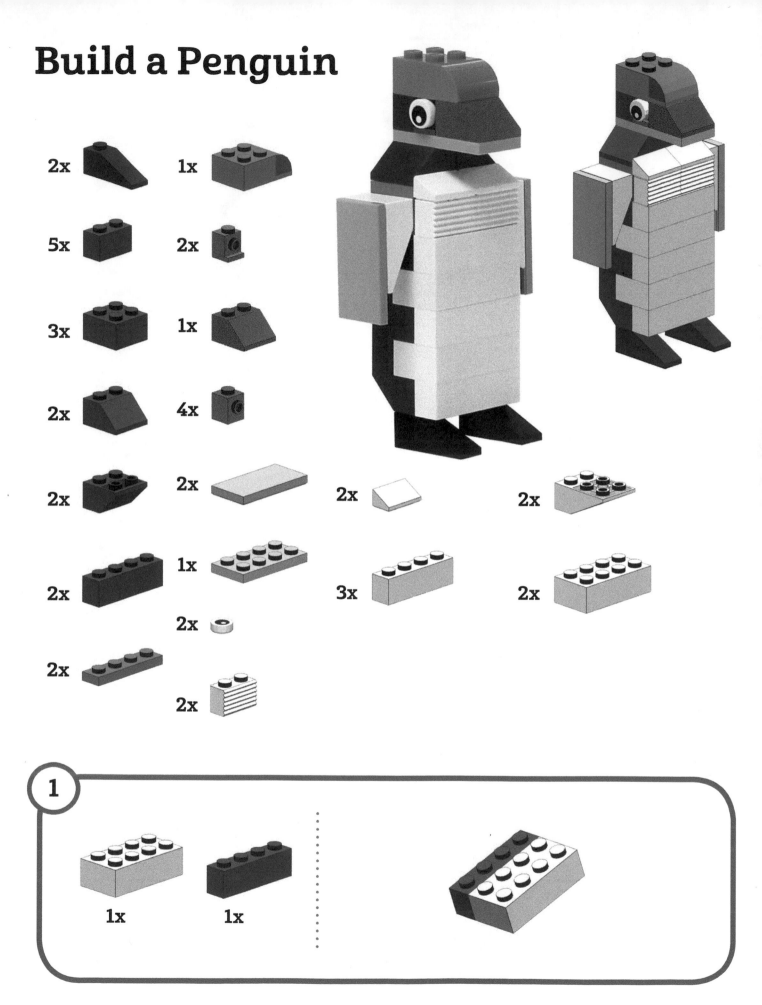

2x   1x

5x   2x

3x   1x

2x   4x

2x   2x   2x   2x

2x   1x   3x   2x

2x

2x   2x

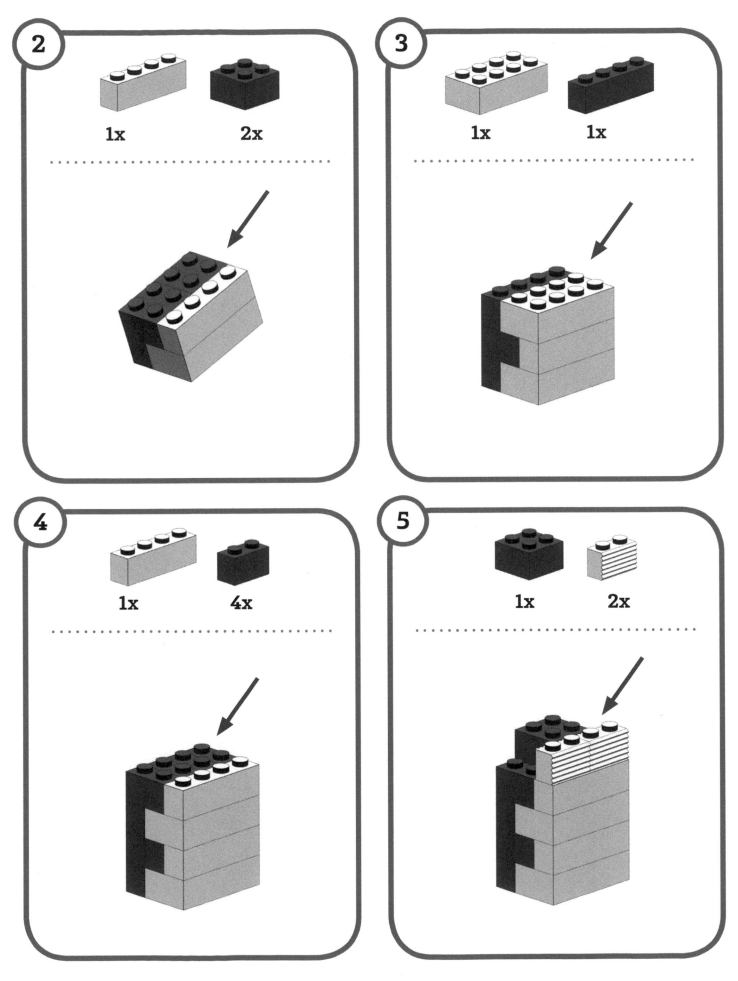

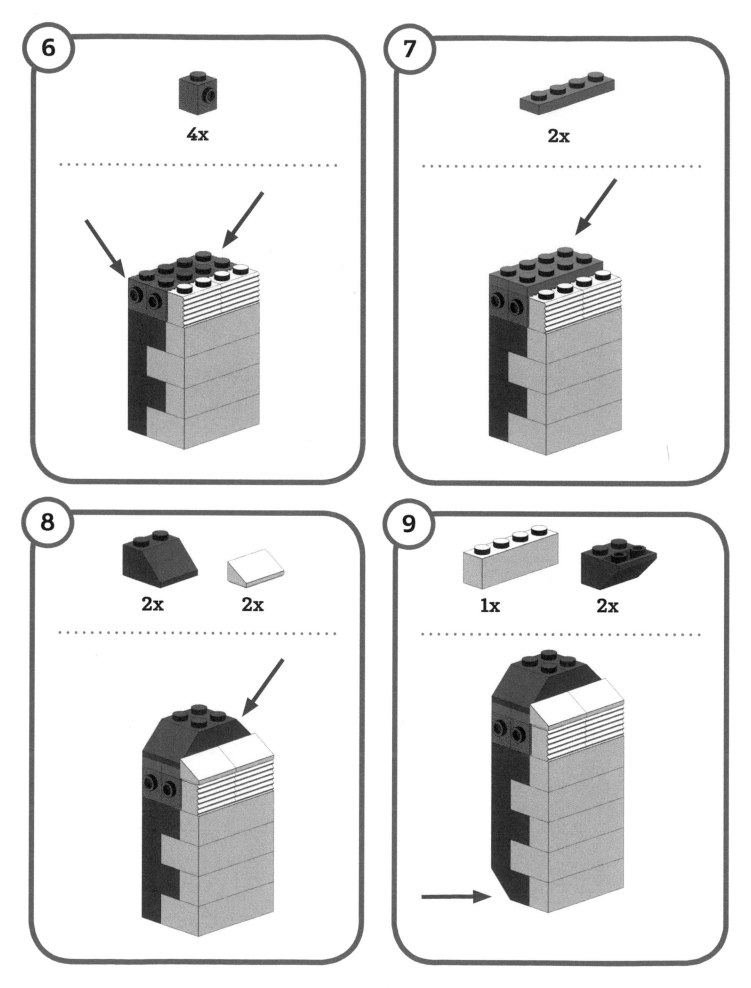

6 4x

7 2x

8 2x 2x

9 1x 2x

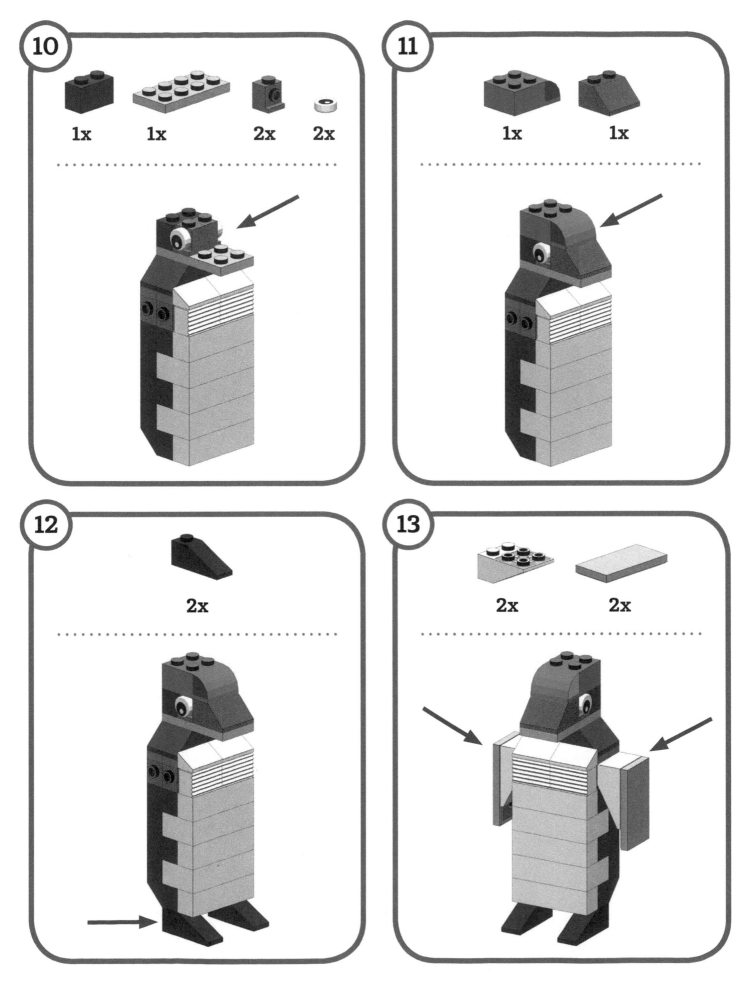

Build a Crab

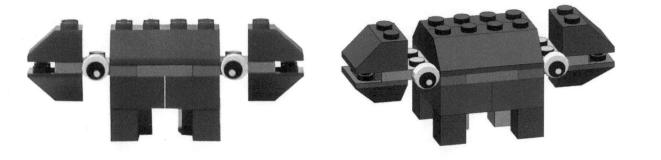

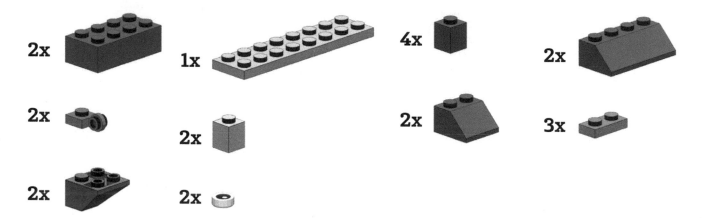

2x
1x
4x
2x

2x
2x
2x
3x

2x
2x

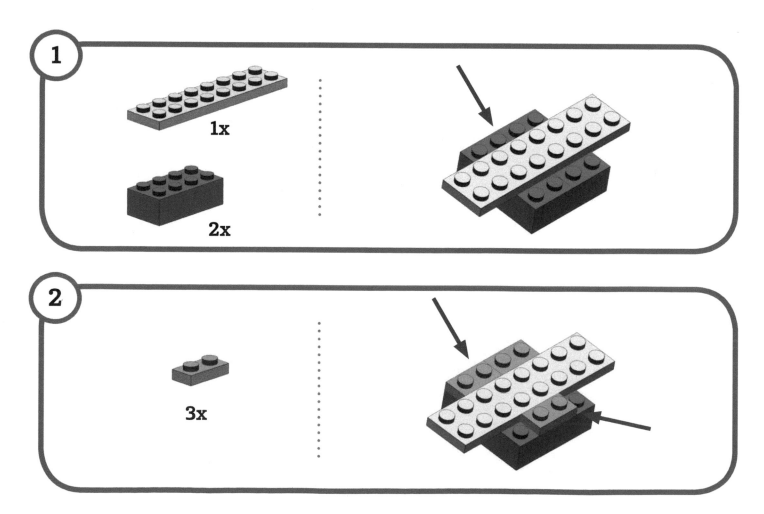

1

1x

2x

2

3x

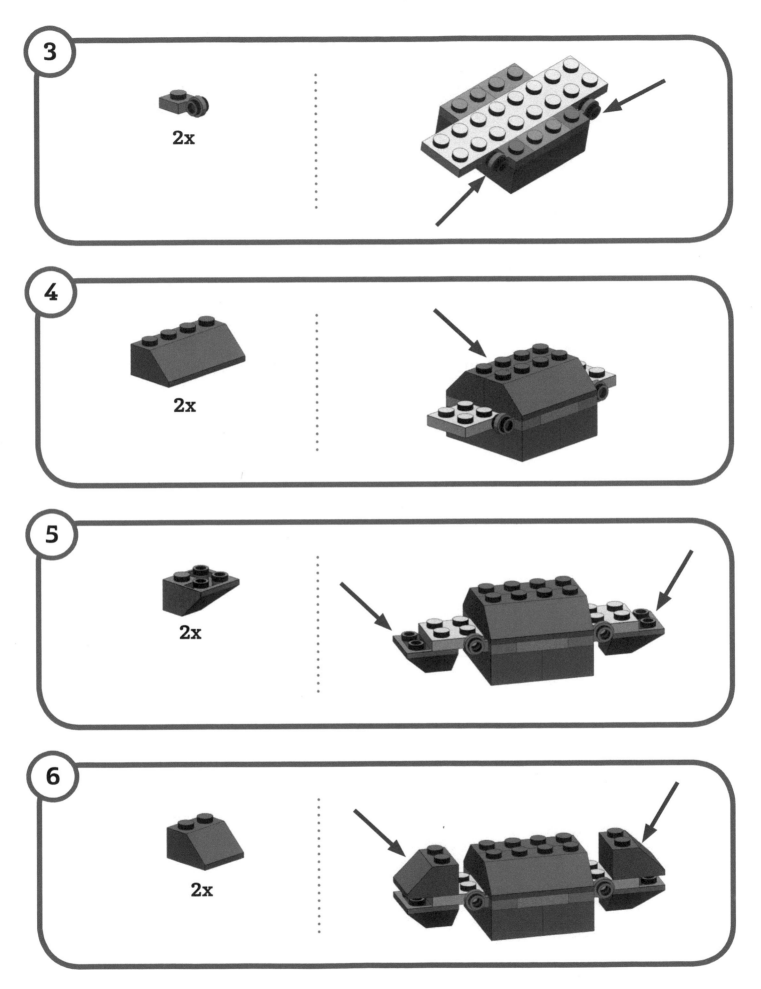

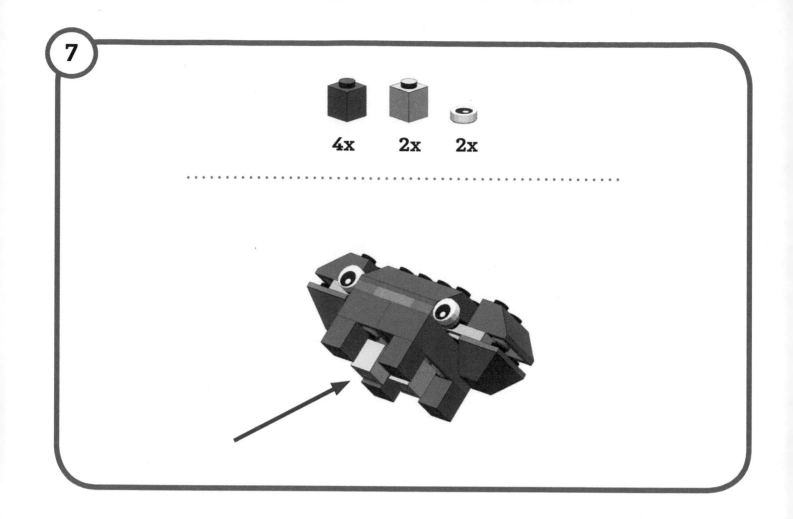

Build a Walrus

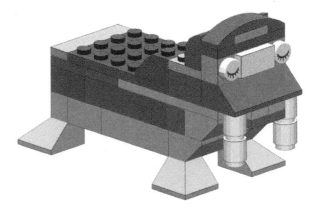

1x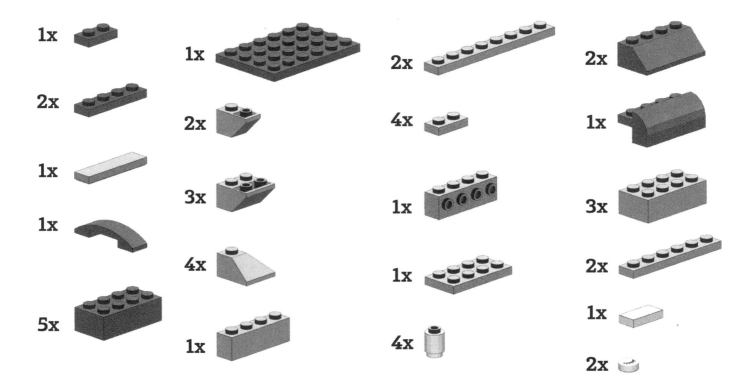
2x
1x
1x
5x
1x
2x
3x
4x
1x
2x
4x
1x
1x
4x
2x
4x
1x
2x
3x
2x
1x
2x

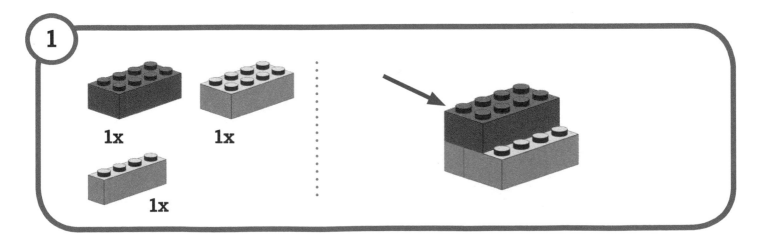

1

1x   1x   1x

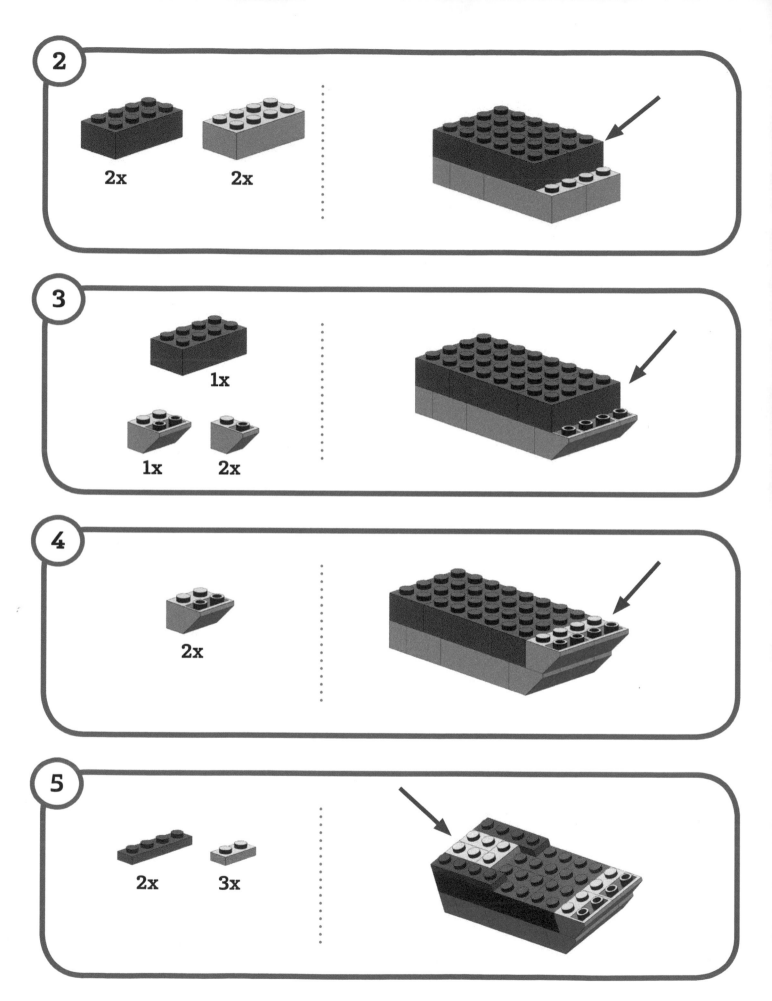

6

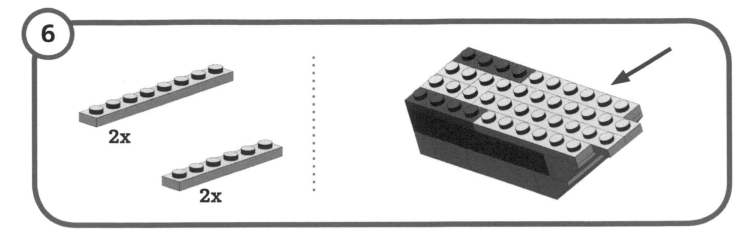

2x

2x

7

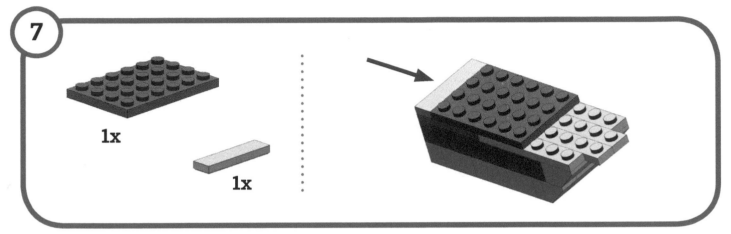

1x

1x

8

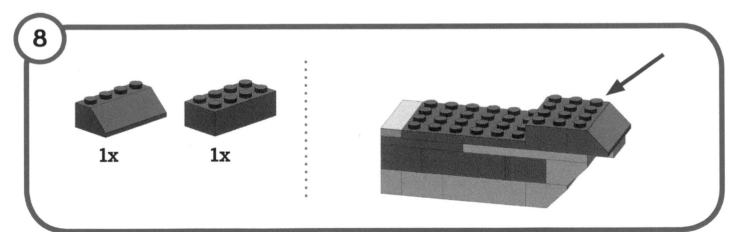

1x

1x

9

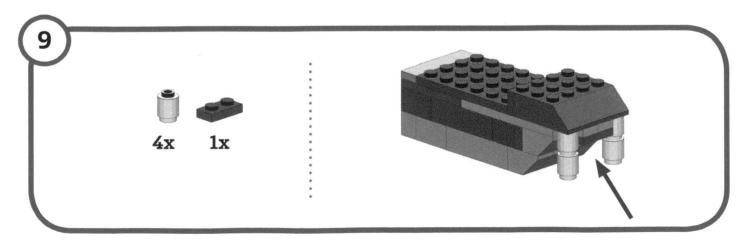

4x

1x

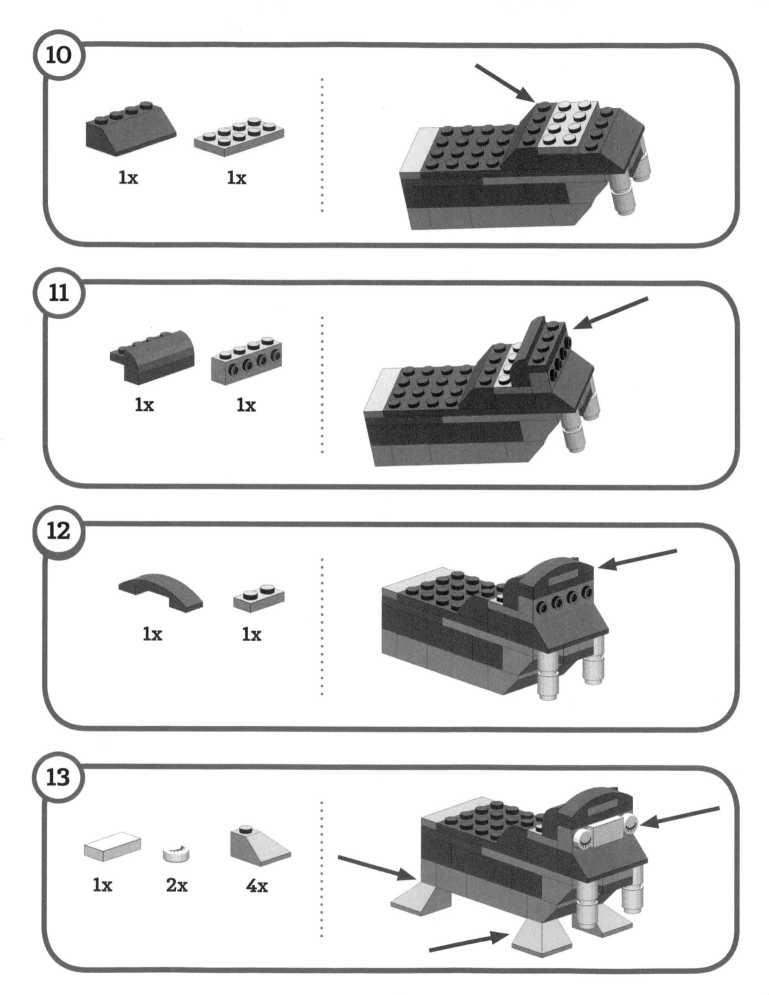

Build a Blue Green Fish

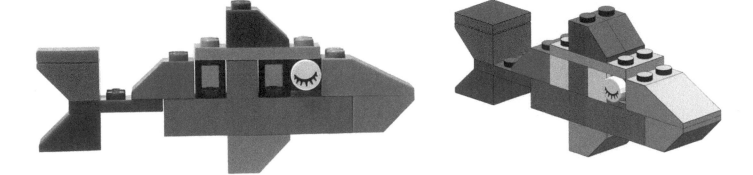

4x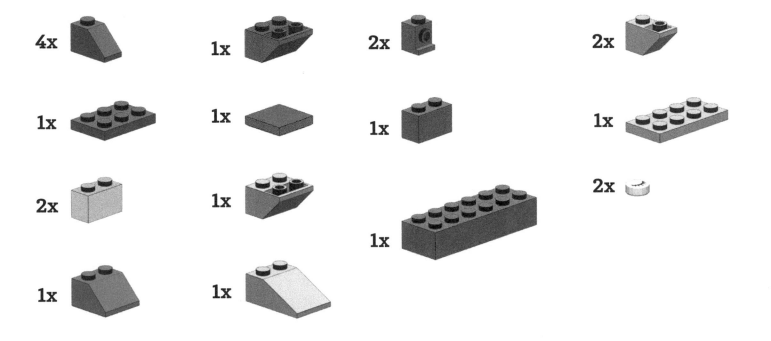

1x

2x

2x

1x

1x

1x

1x

2x

1x

1x

2x

1x

1x

1x

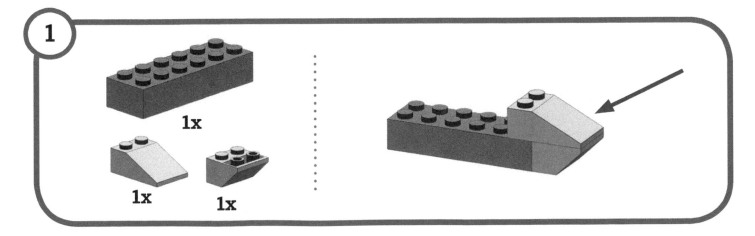

1

1x

1x

1x

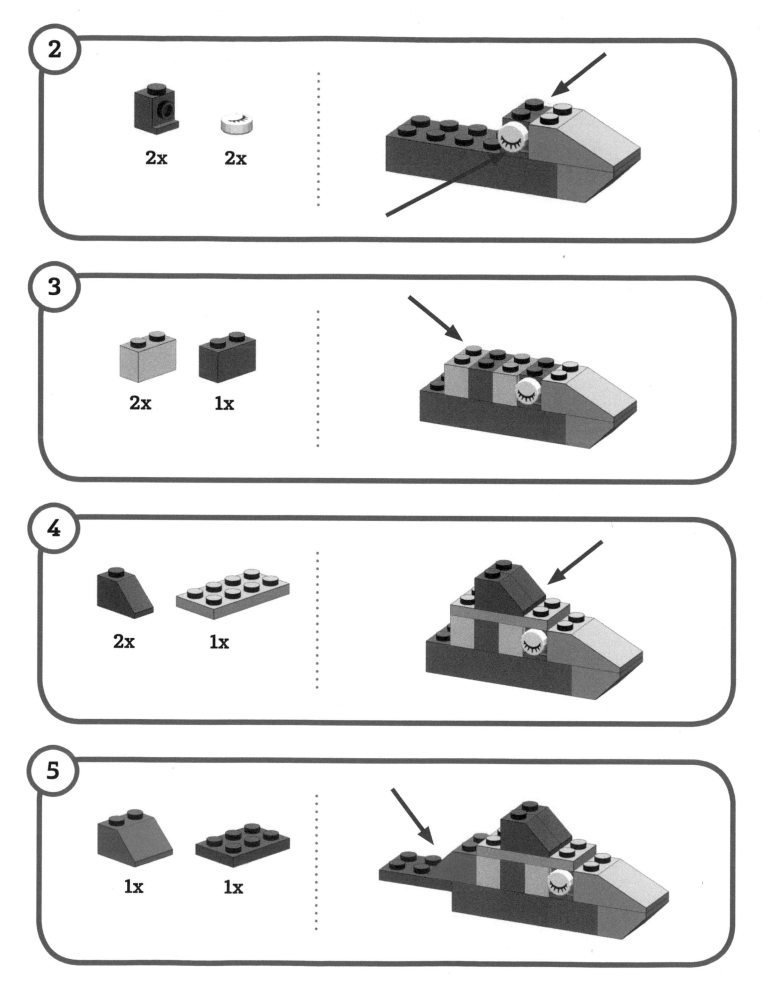

2

2x 2x

3

2x 1x

4

2x 1x

5

1x 1x

6

1x   1x   2x

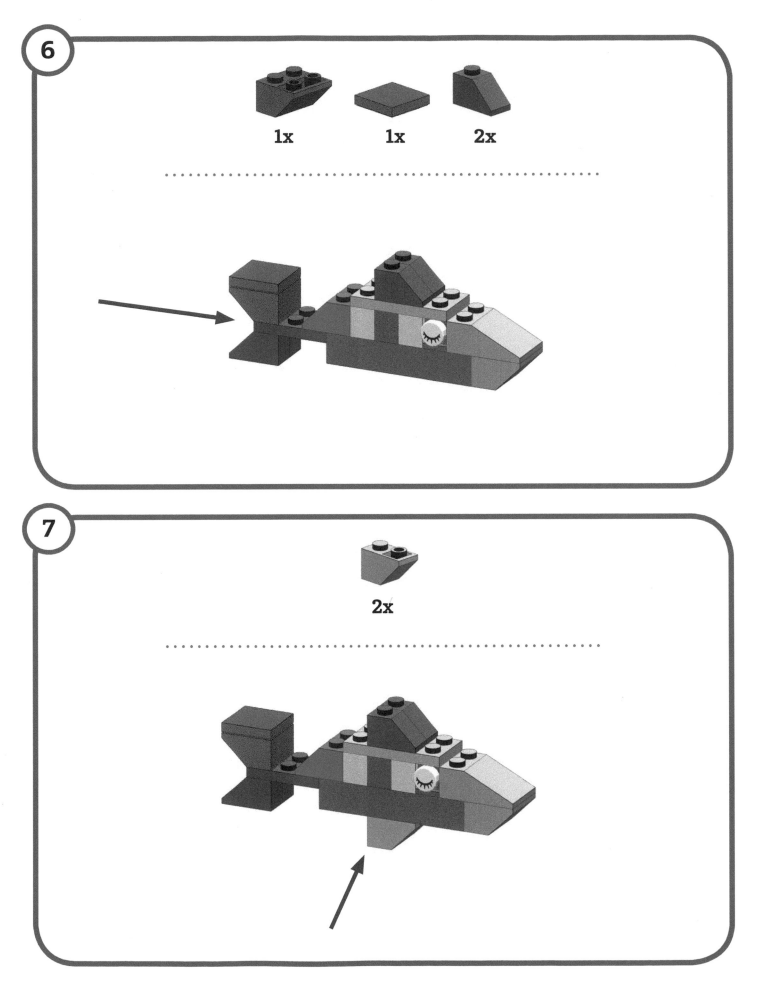

7

2x

Build a Big Red Fish

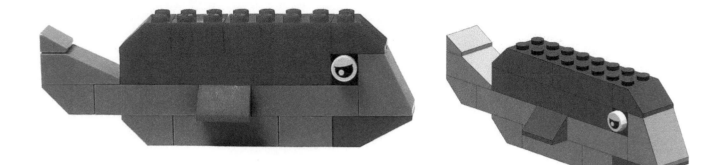

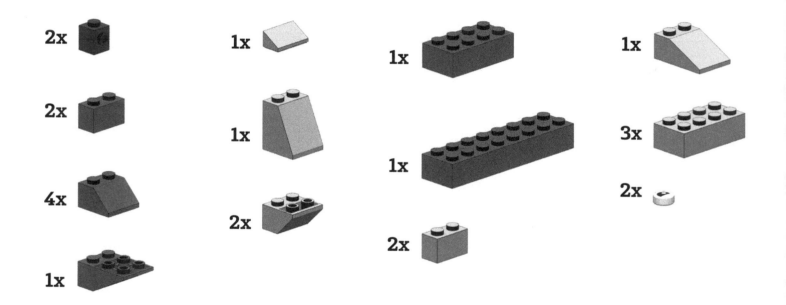

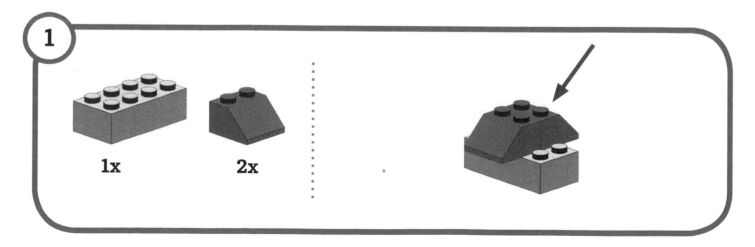

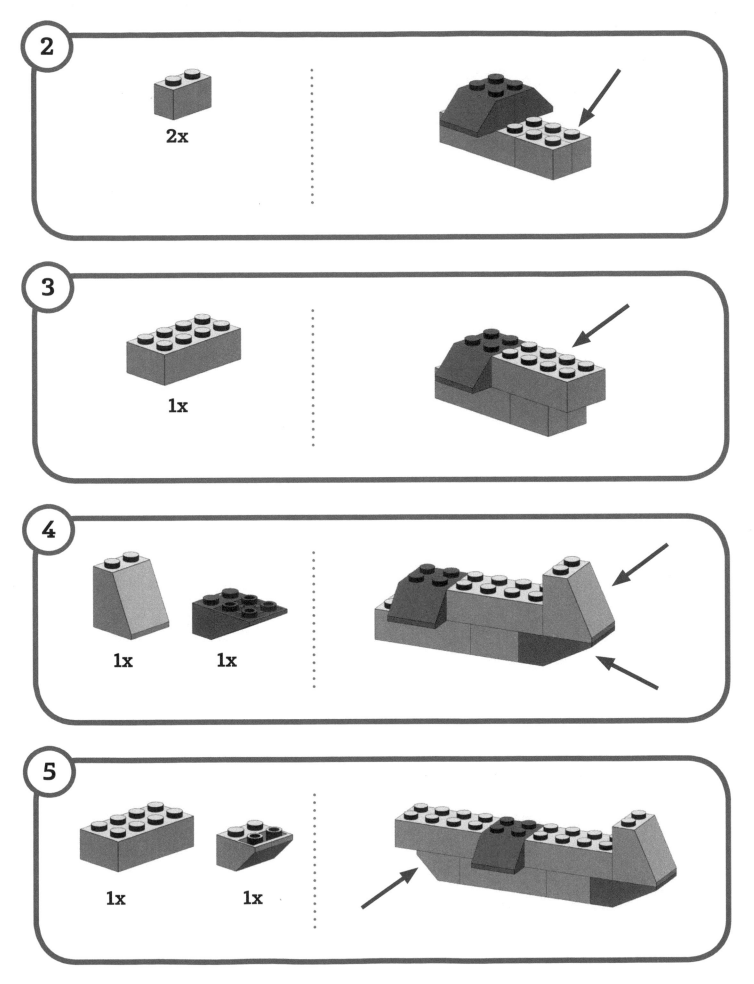

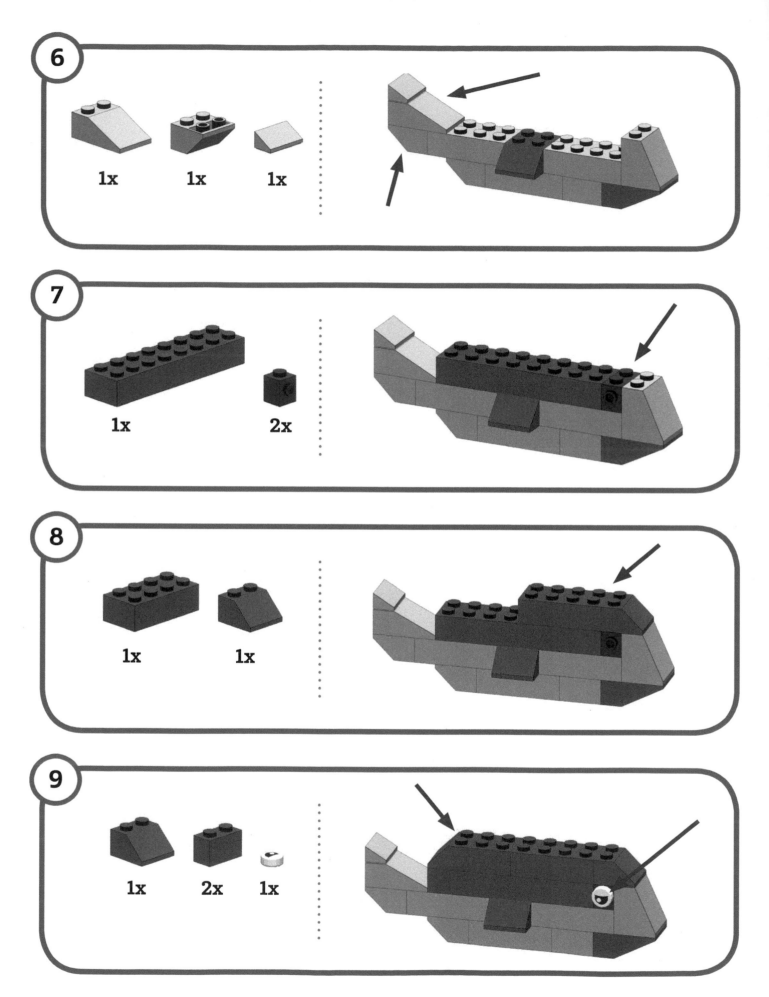

6   1x   1x   1x

7   1x   2x

8   1x   1x

9   1x   2x   1x

Build a Green Whale

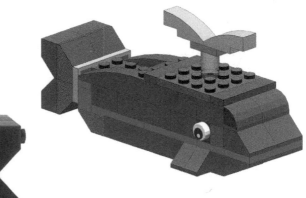

1x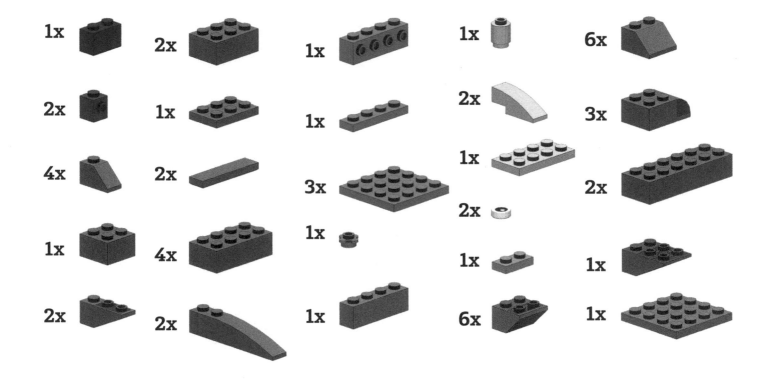

2x

1x

2x

1x

4x

2x

1x

4x

2x

2x

1x

1x

3x

1x

1x

2x

1x

1x

3x

2x

1x

6x

1x

2x

3x

2x

1x

1x

1

2x

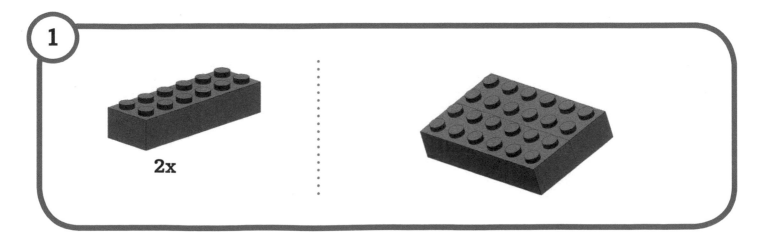

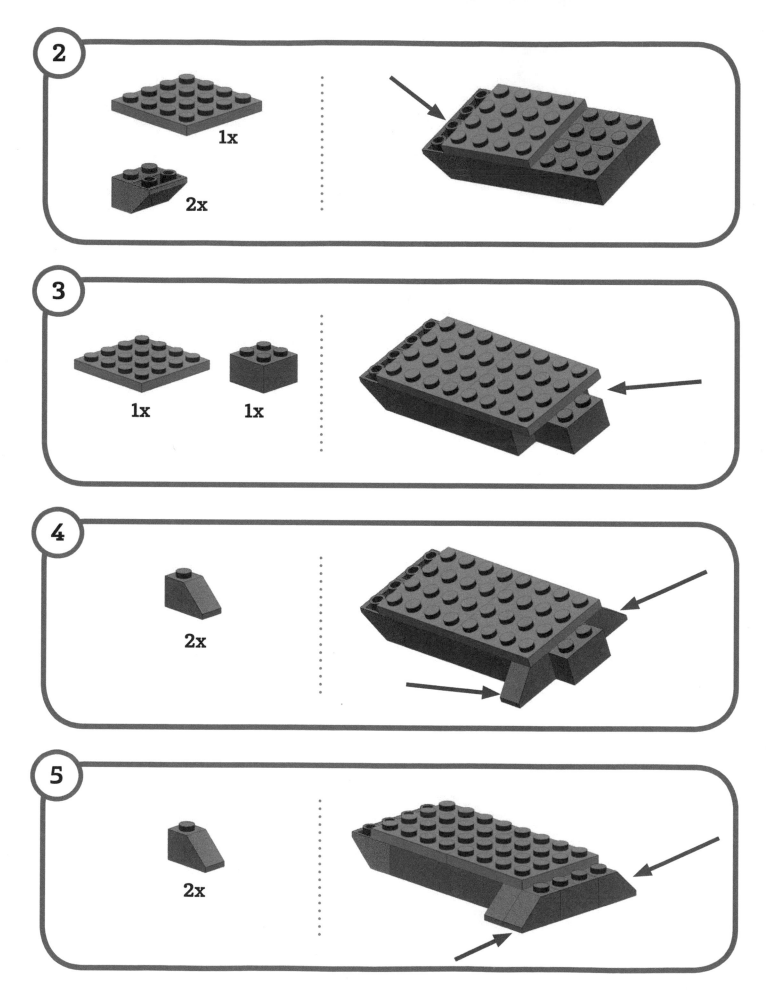

2

1x

2x

3

1x   1x

4

2x

5

2x

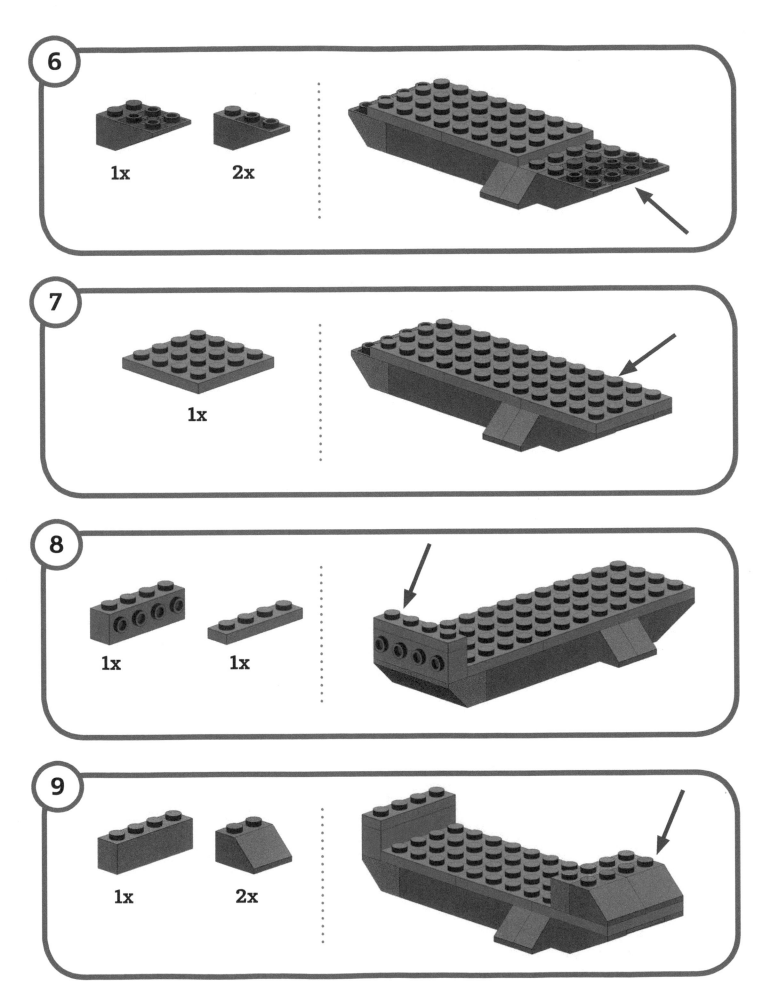

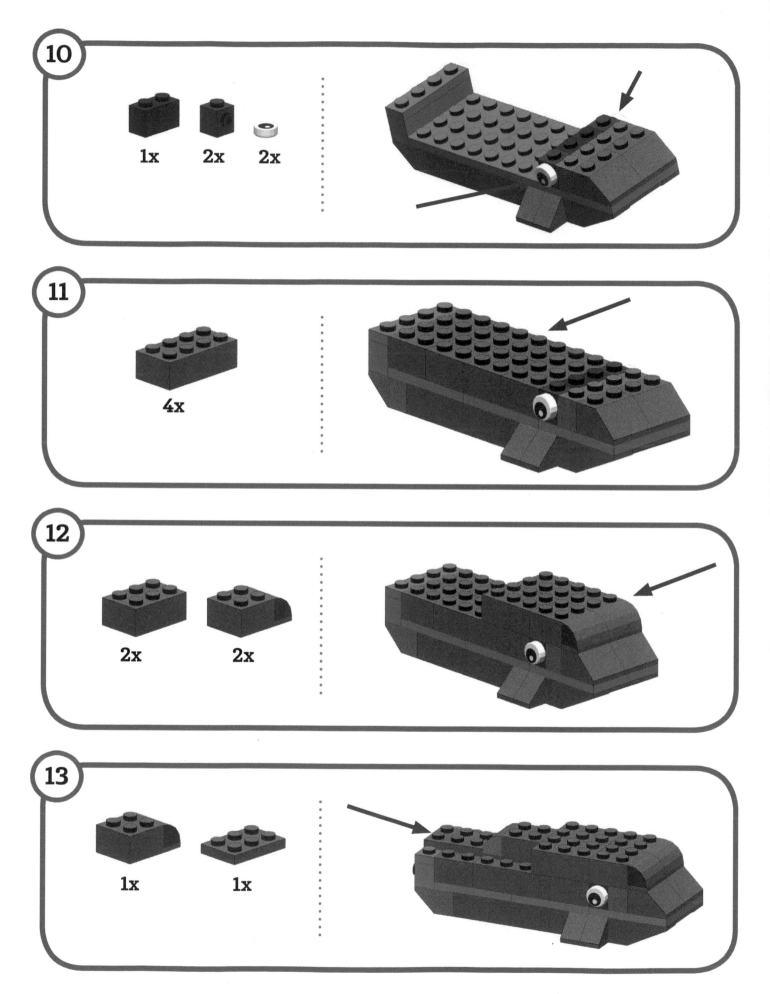

10 1x 2x 2x

11 4x

12 2x 2x

13 1x 1x

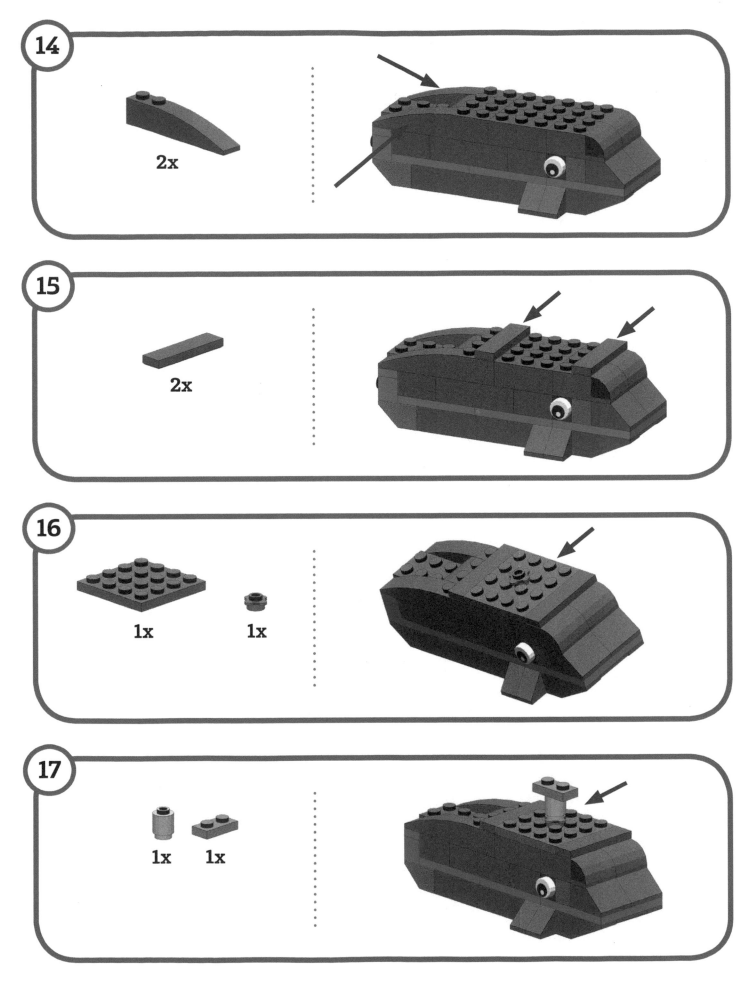

14

2x

15

2x

16

1x   1x

17

1x   1x

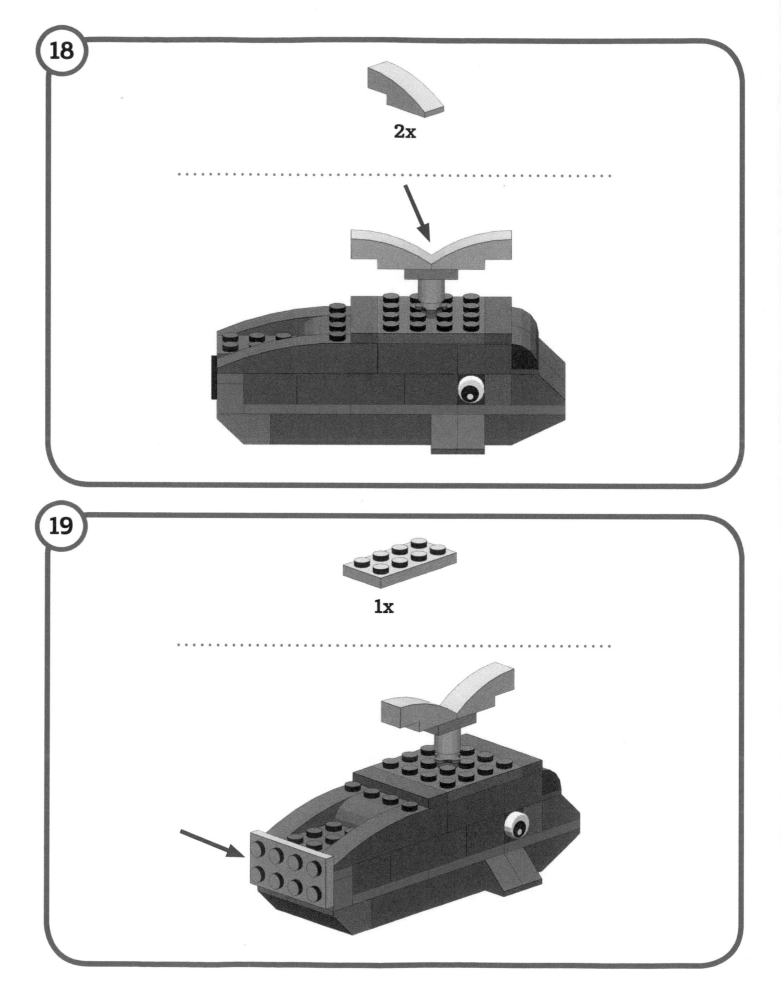

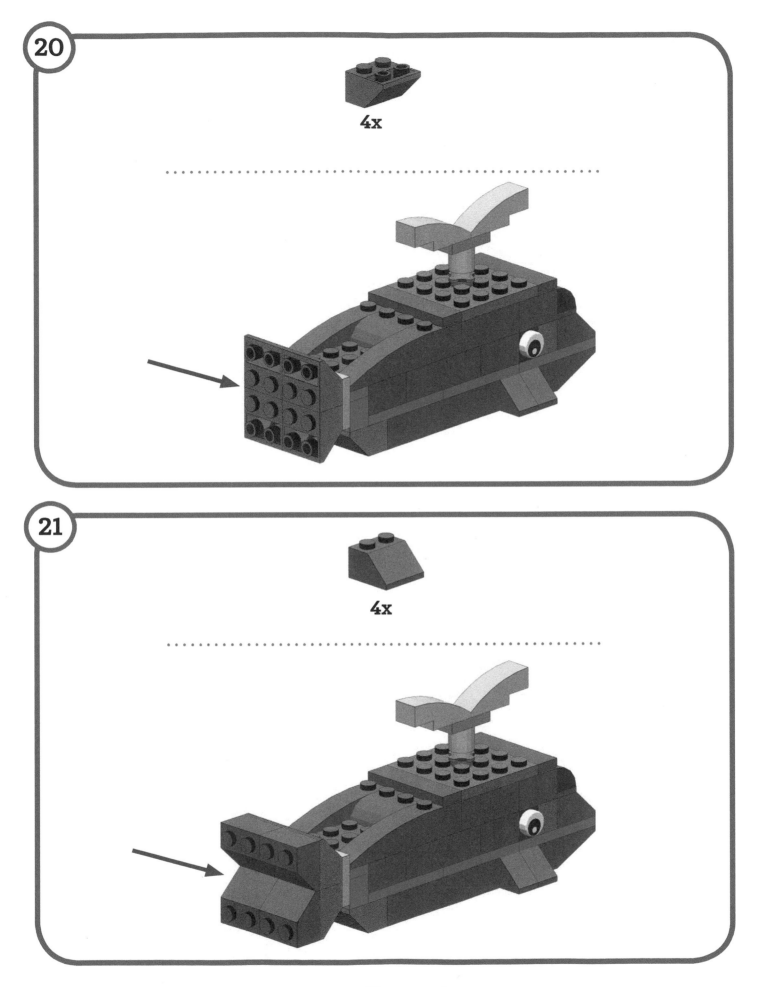

20

4x

21

4x

Open Ocean

Stingray

Octopus

Yellow Whale

Coral Reef

Build a Stingray

2x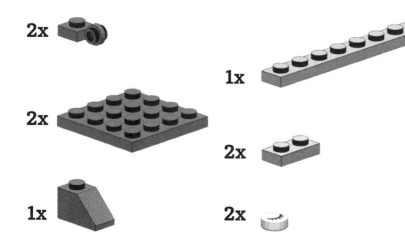

1x

2x

1x

2x

2x

1

1x

2x   2x

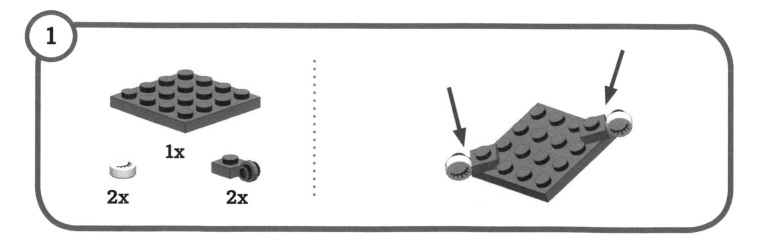

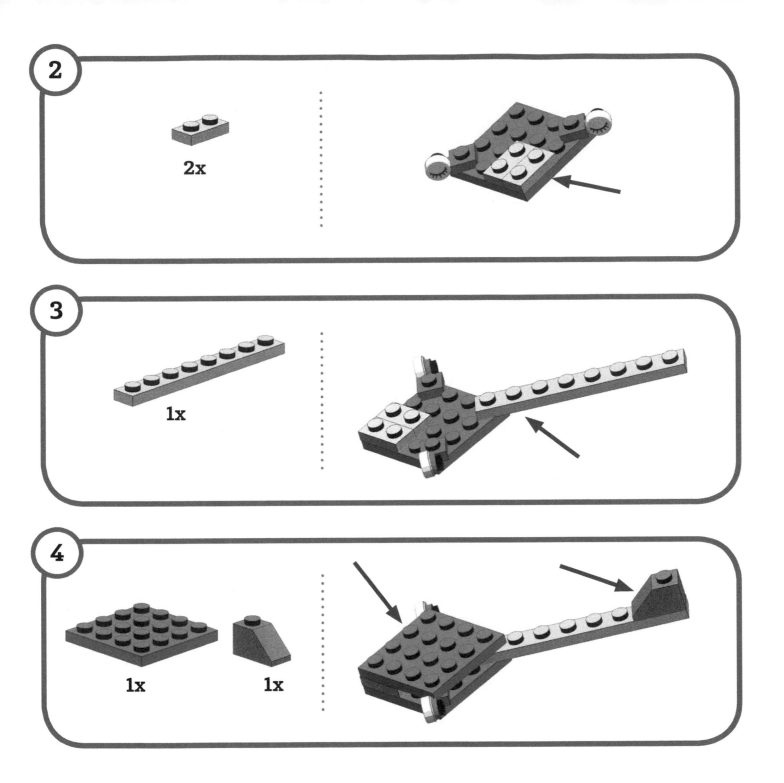

2x

1x

1x 1x

Build an Octopus

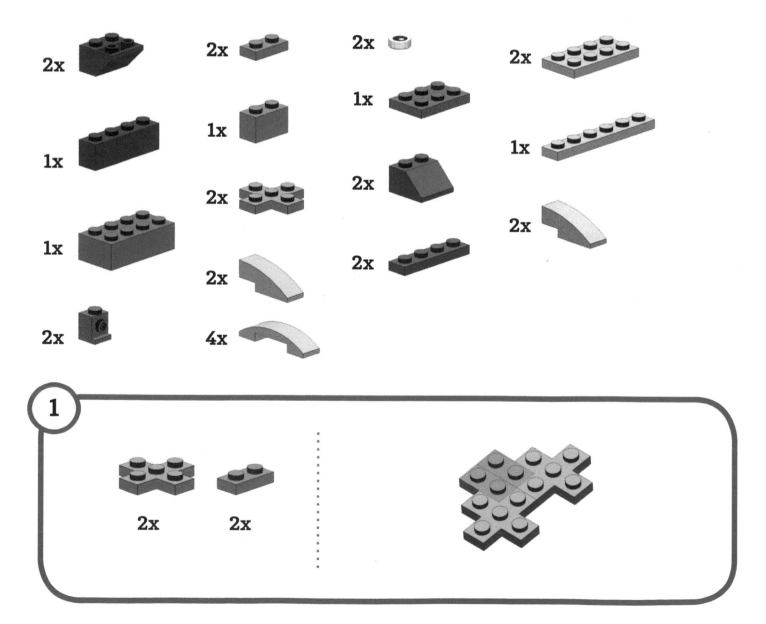

2x

1x

1x

2x

2x

2x

1x

2x

2x

4x

2x

1x

2x

2x

2x

1x

2x

1

2x   2x

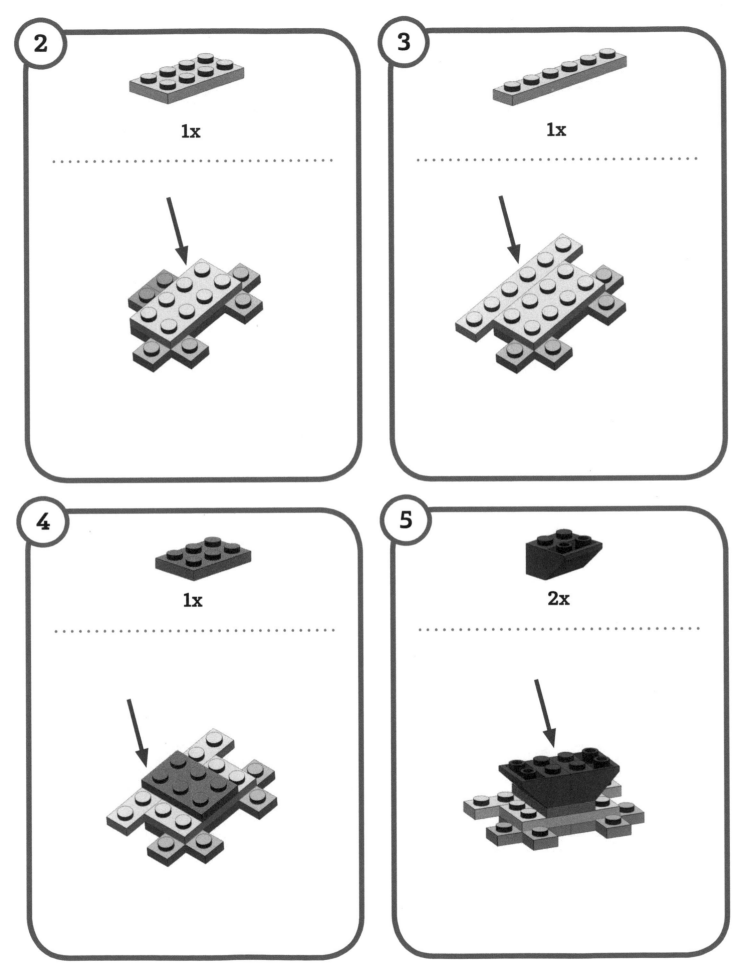

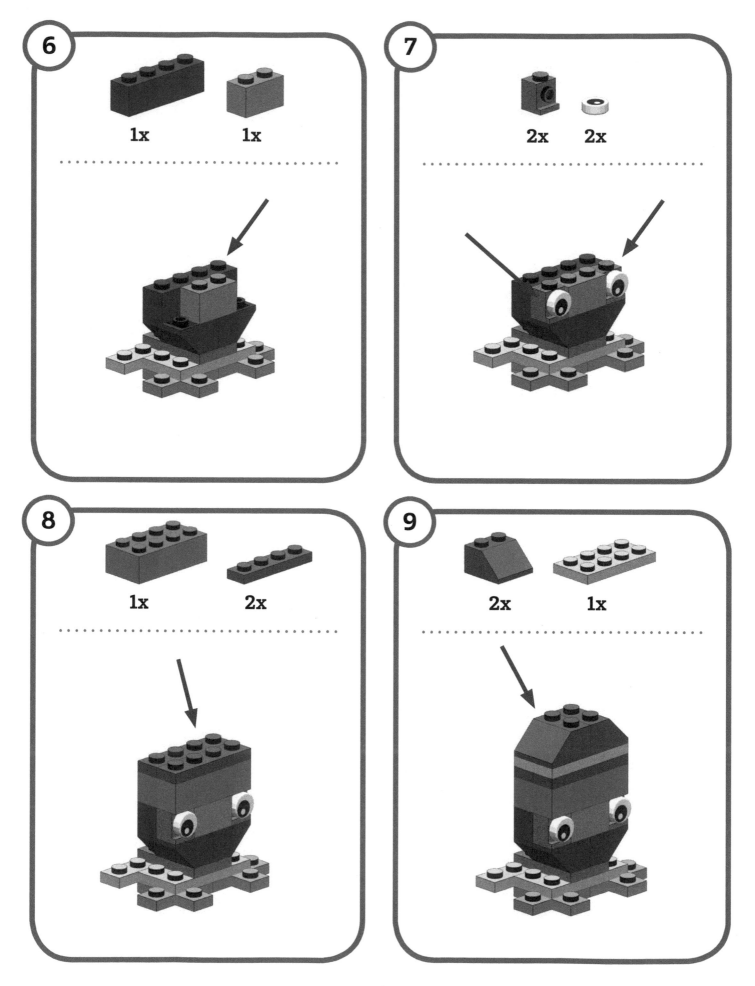

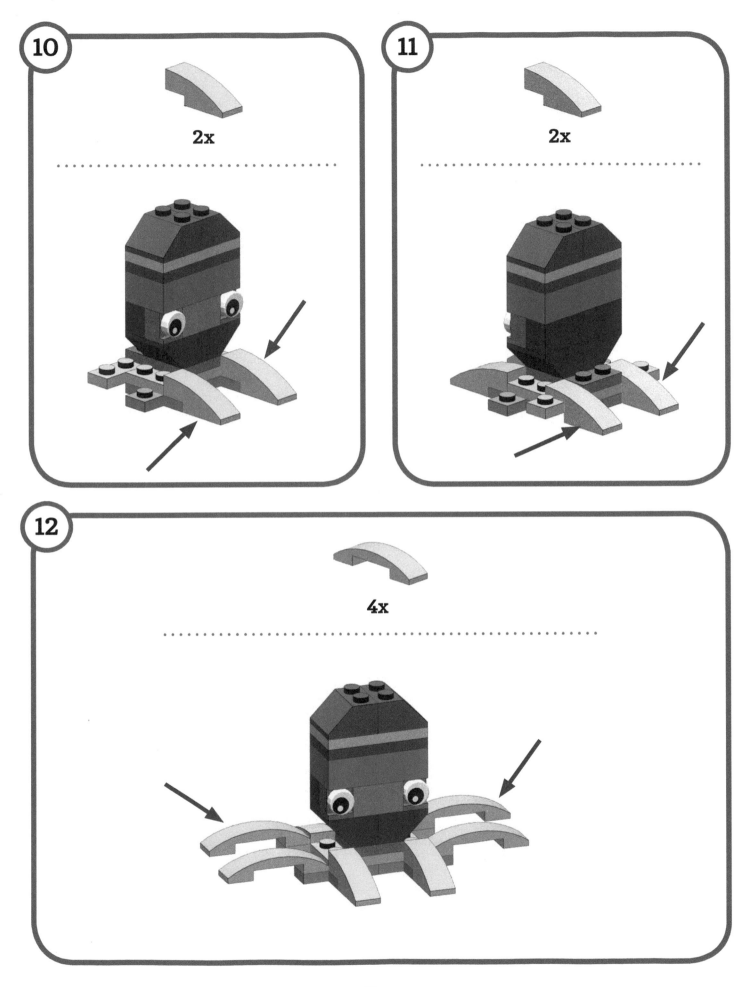

Build a Yellow Whale

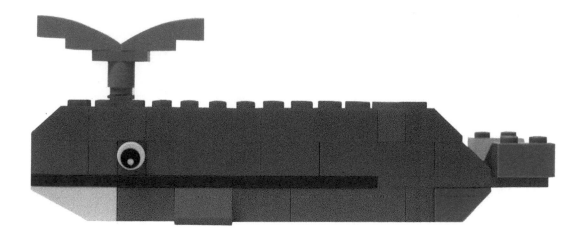

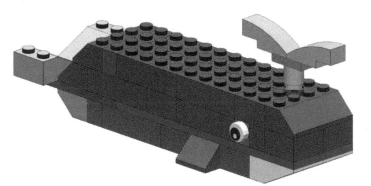

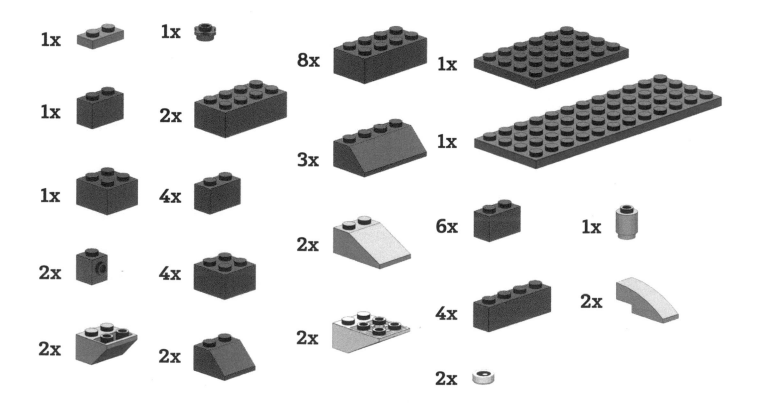

1

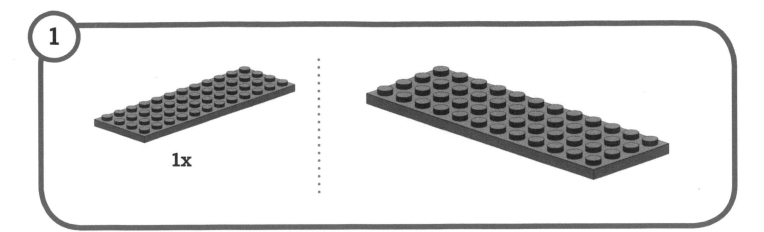

1x

2

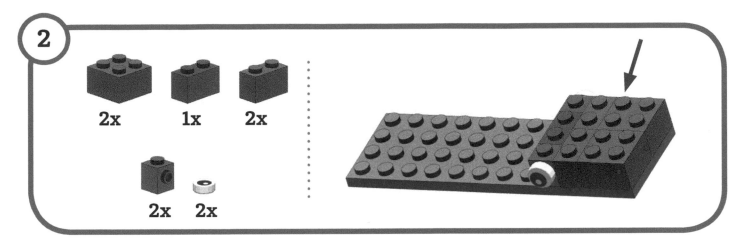

2x 1x 2x

2x 2x

3

2x 1x

2x

4

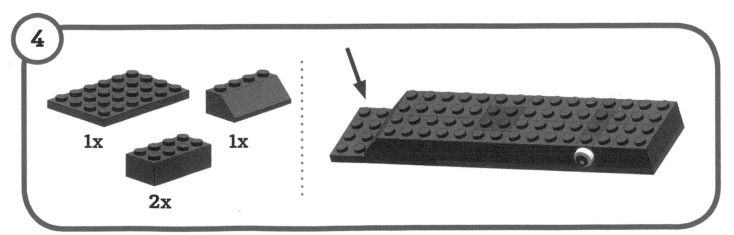

1x 1x

2x

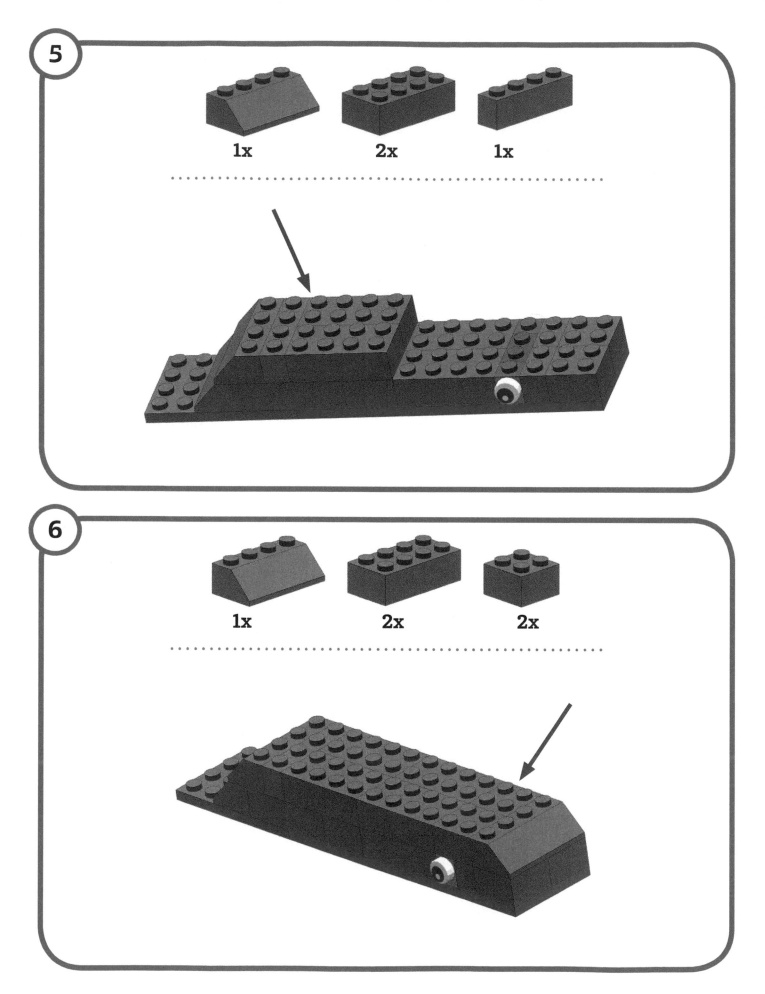

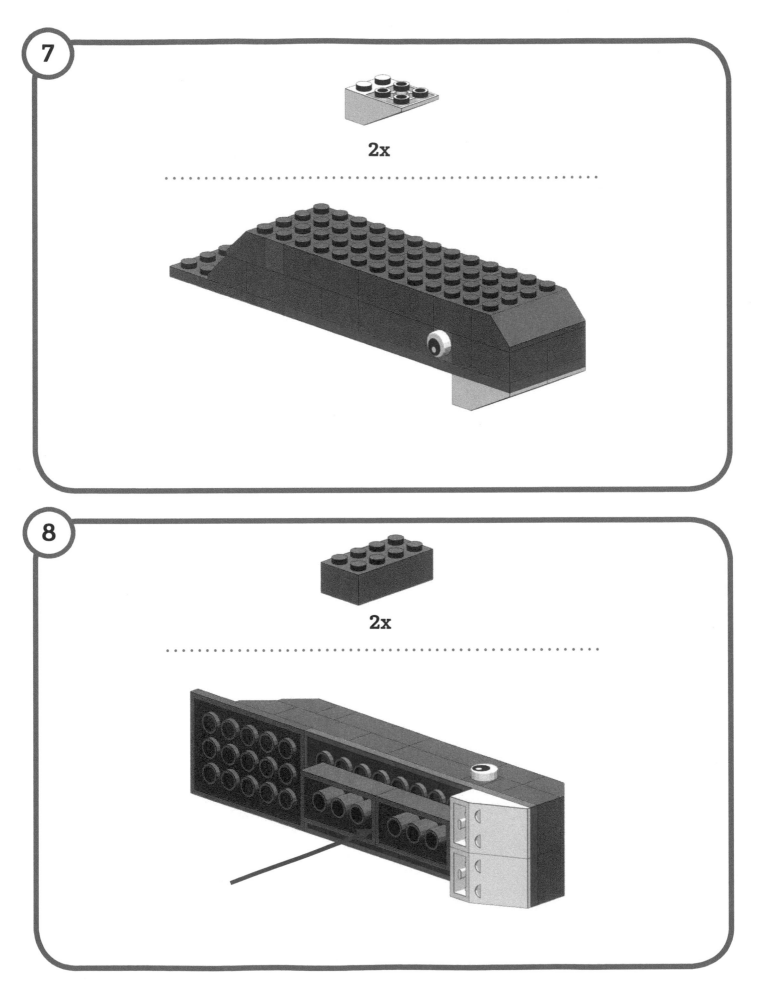

7

2x

8

2x

9

2x   4x

10

2x   2x

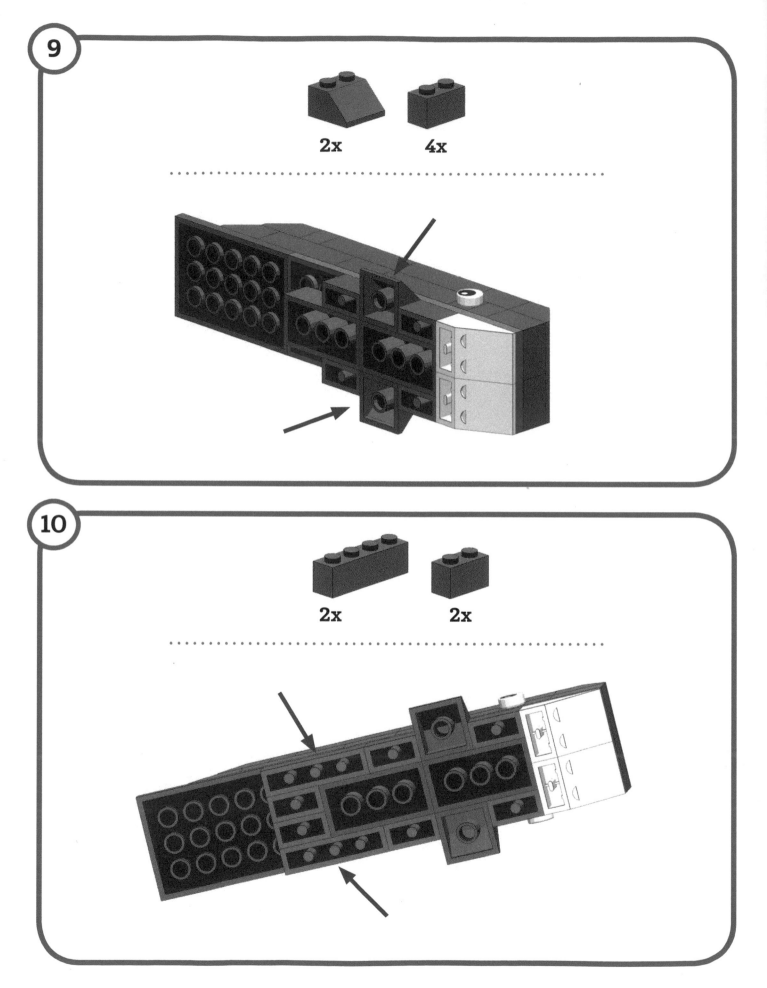

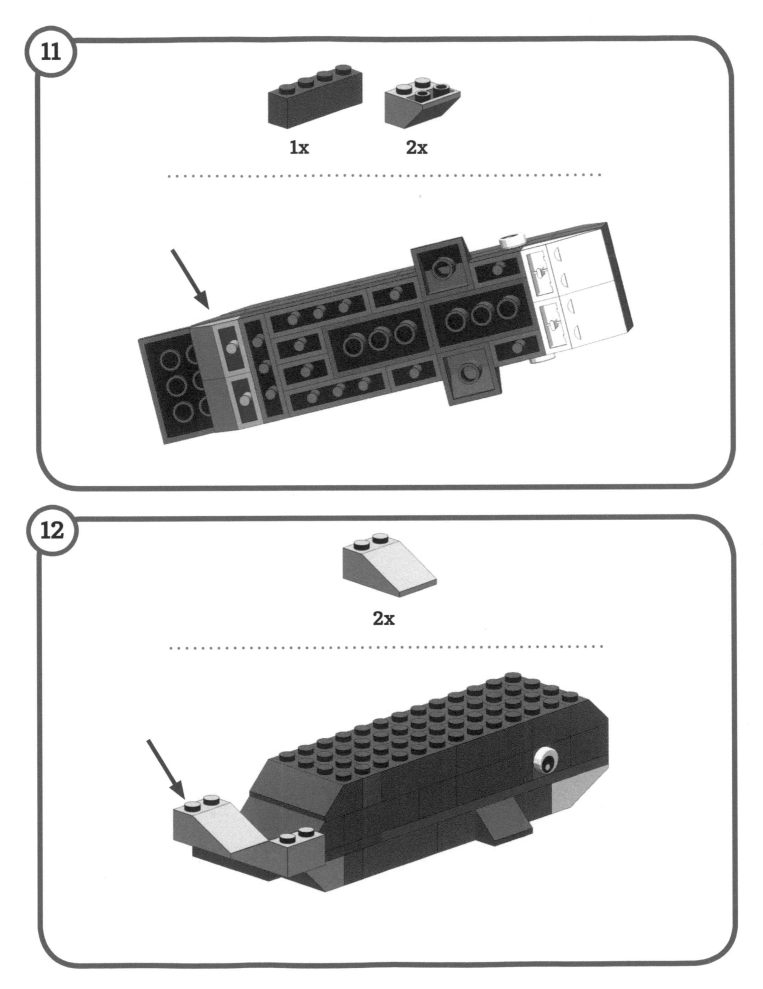

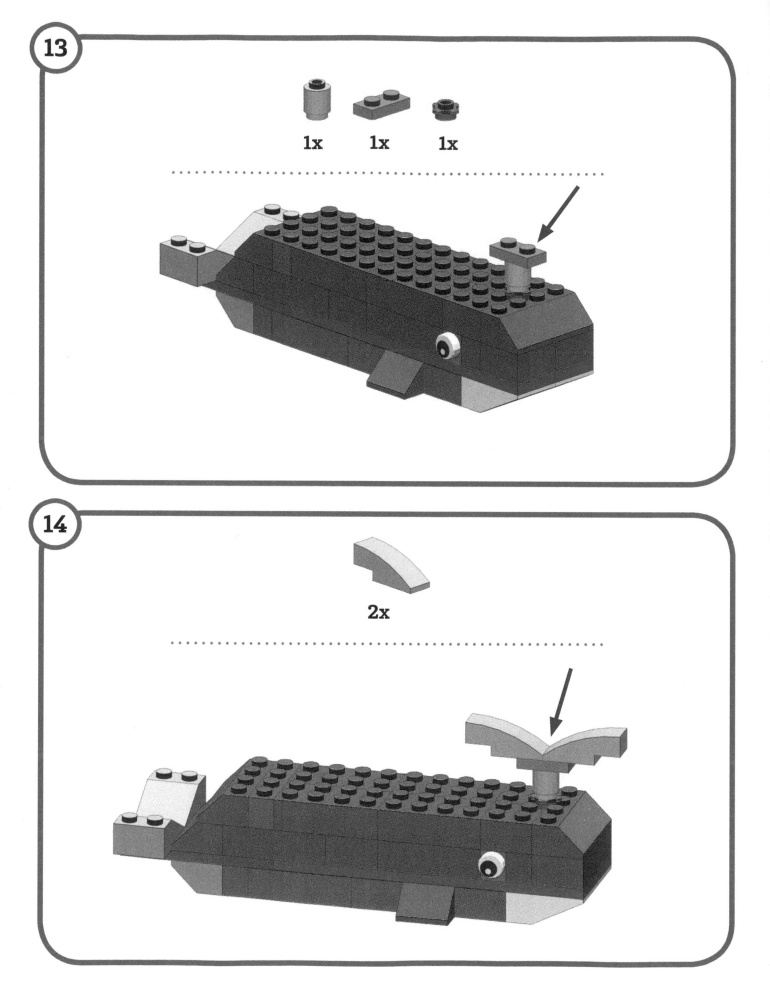

Build a Coral Reef

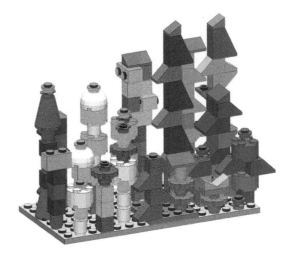

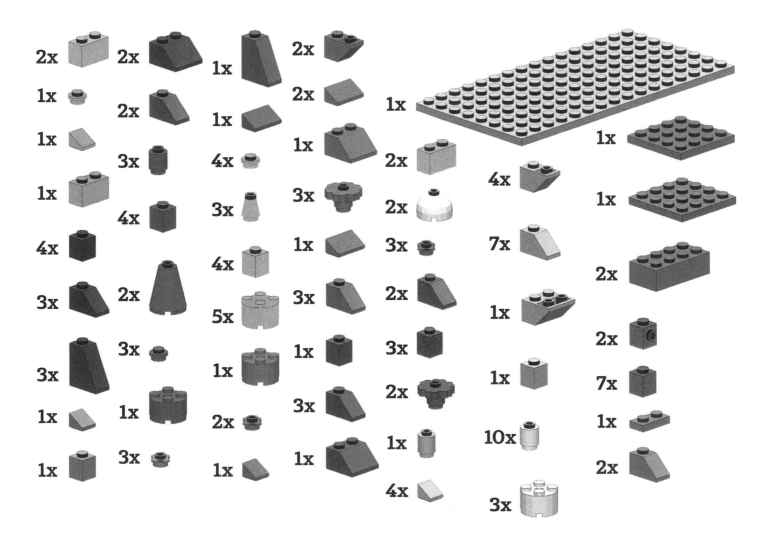

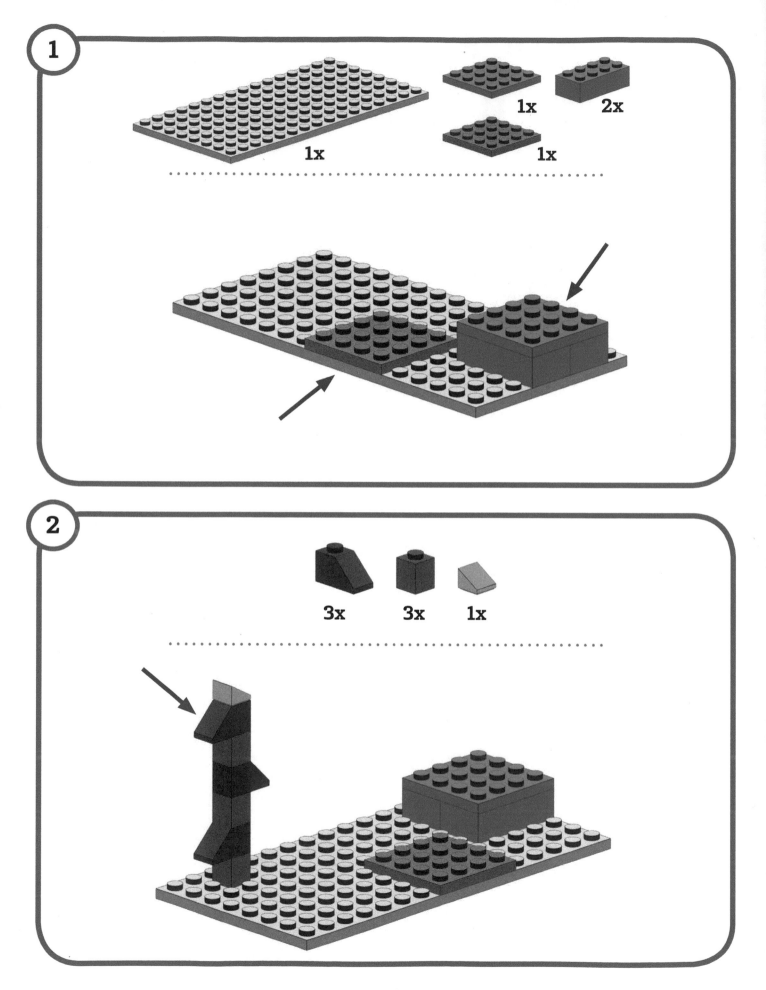

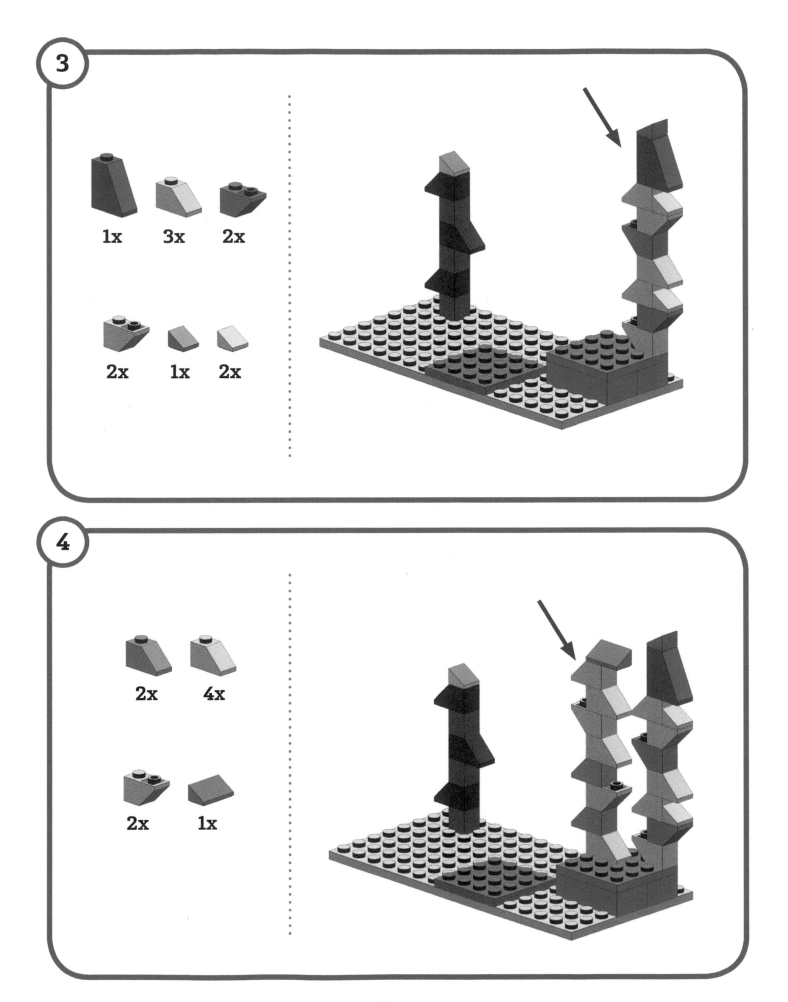

3

1x 3x 2x

2x 1x 2x

4

2x 4x

2x 1x

5

2x 1x 1x

1x 1x

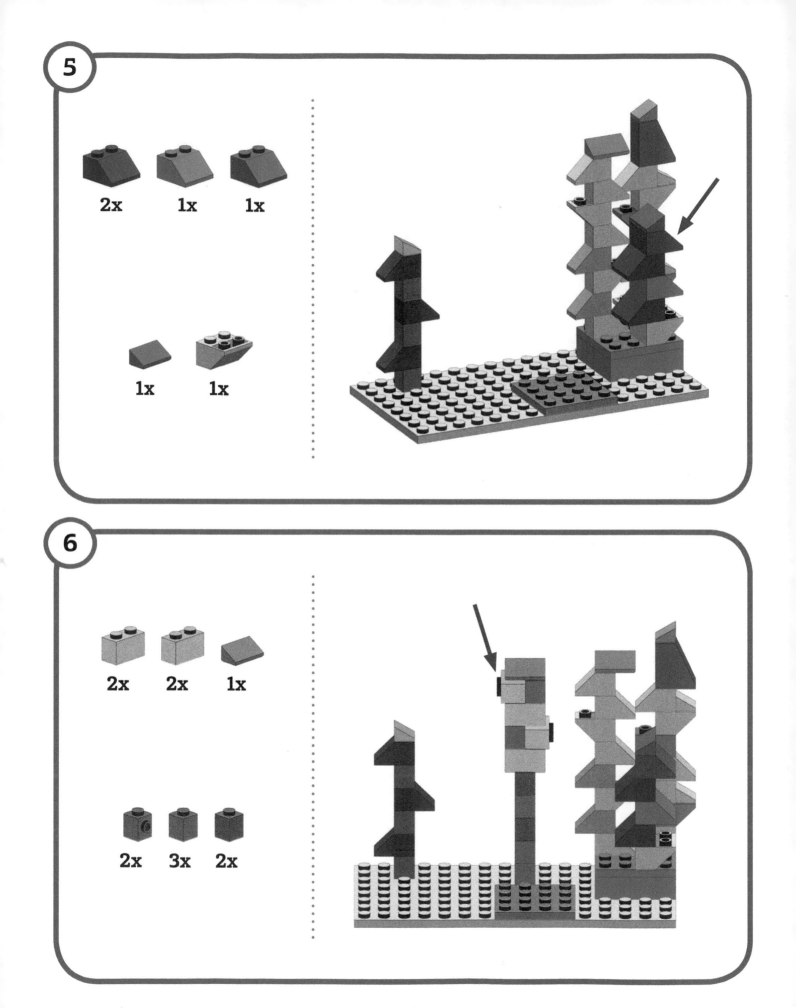

6

2x 2x 1x

2x 3x 2x

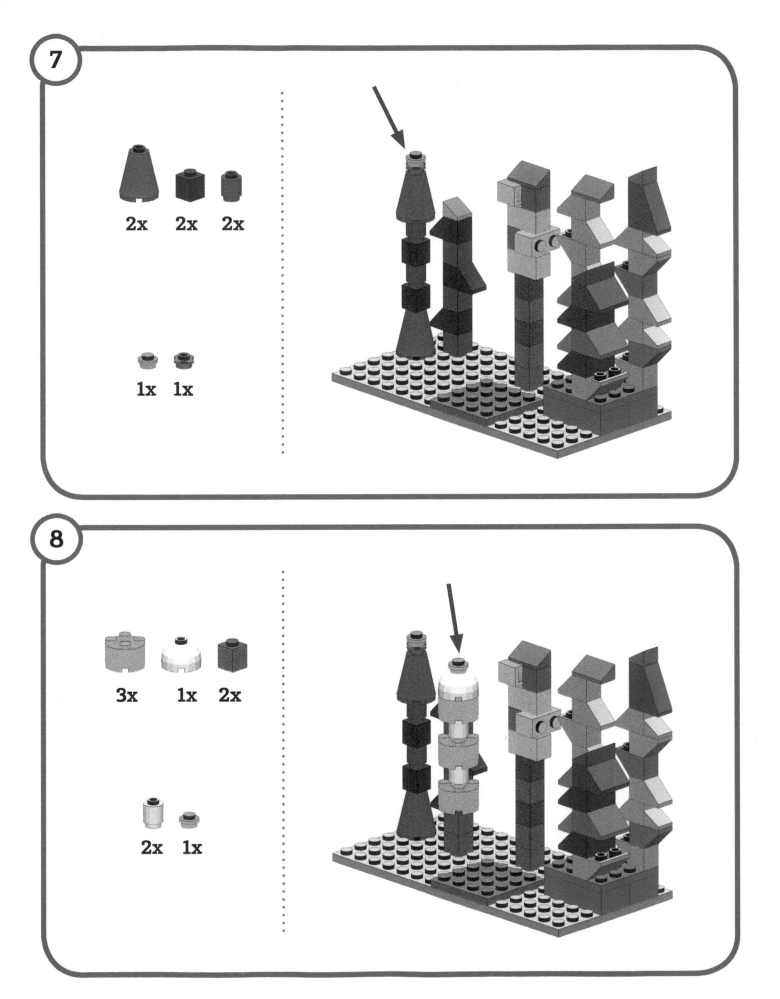

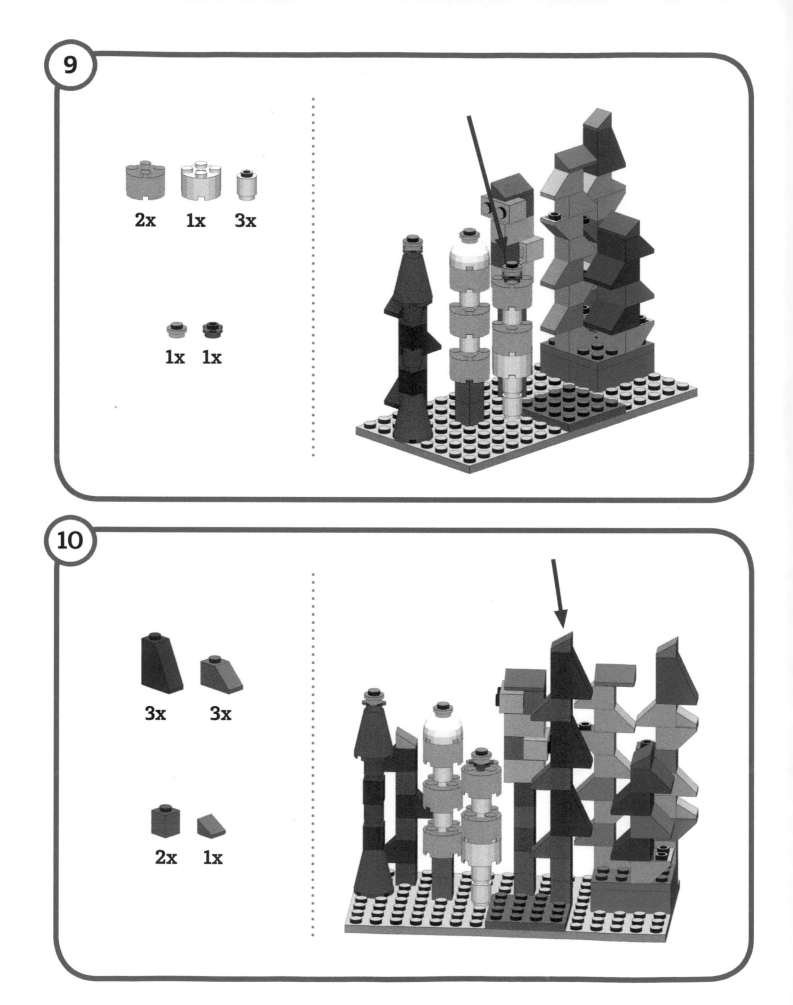

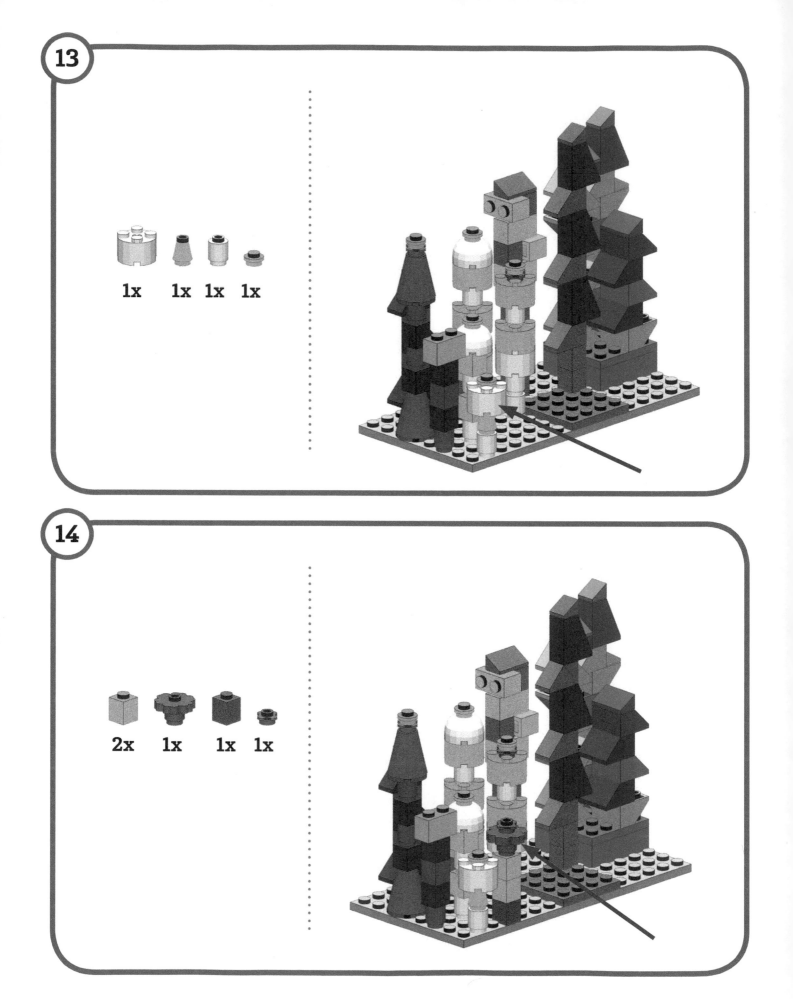

13

1x 1x 1x 1x

14

2x 1x 1x 1x

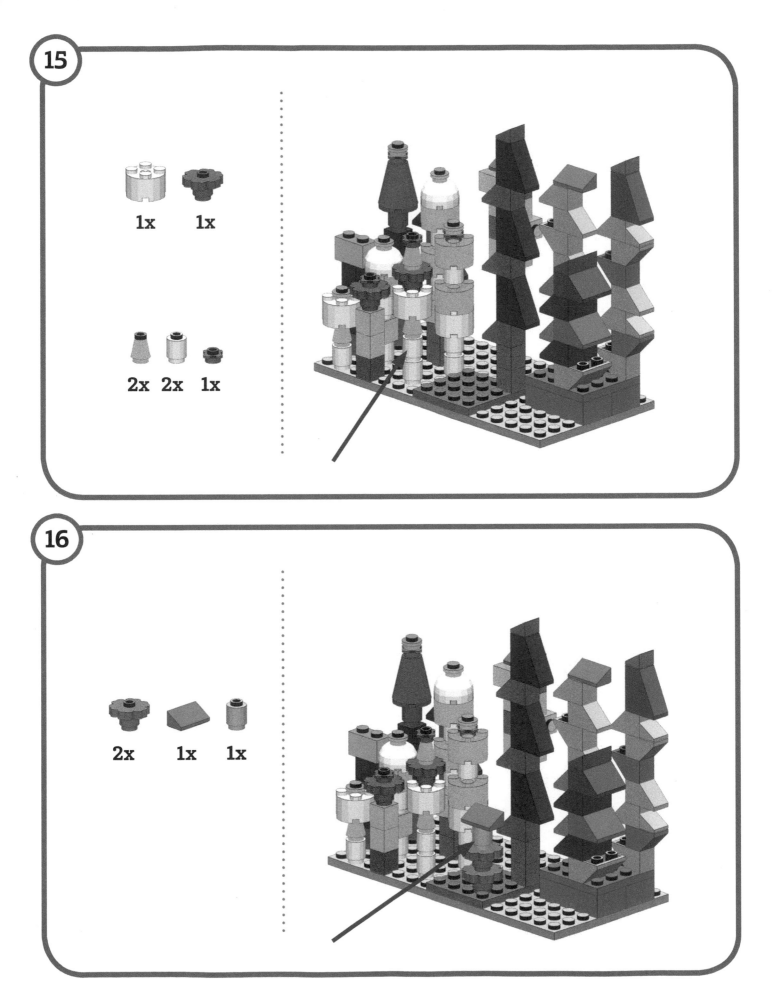

17

2x 2x

18

1x 1x 1x

1x 1x

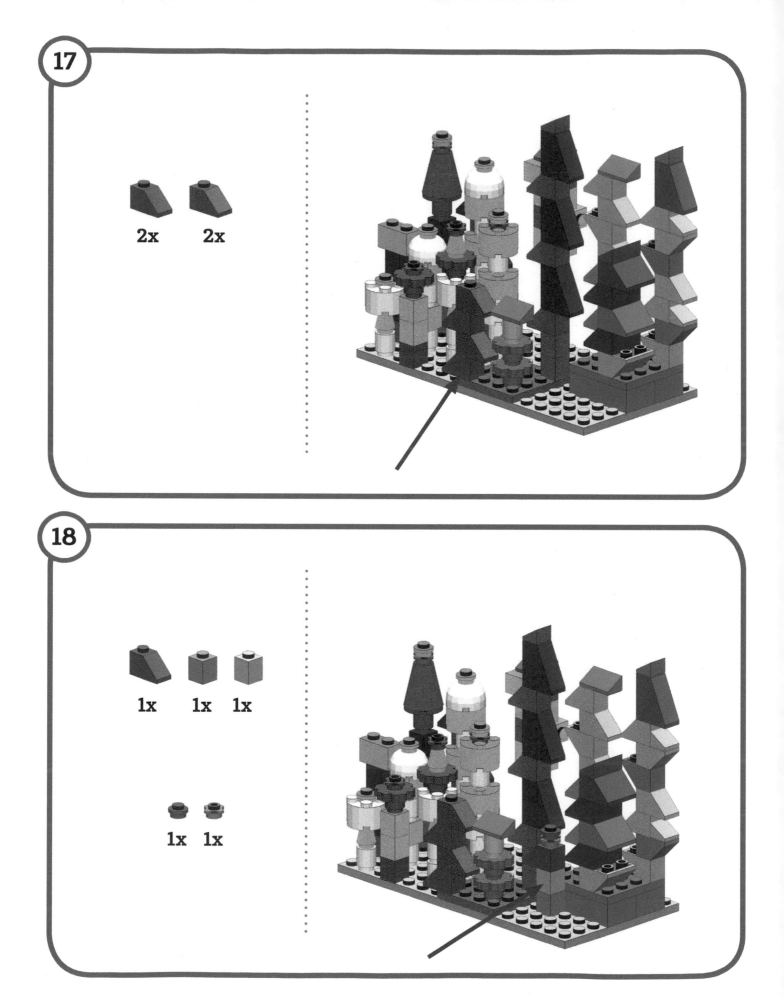

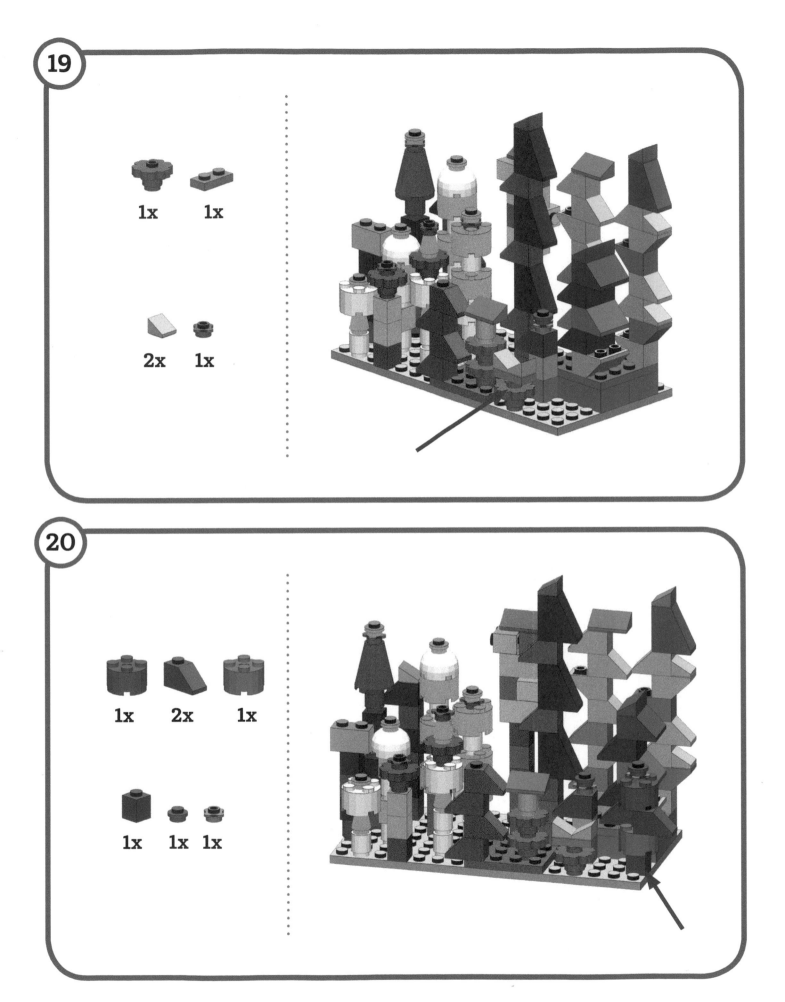

19

1x   1x

2x   1x

20

1x   2x   1x

1x   1x   1x

21

1x 1x

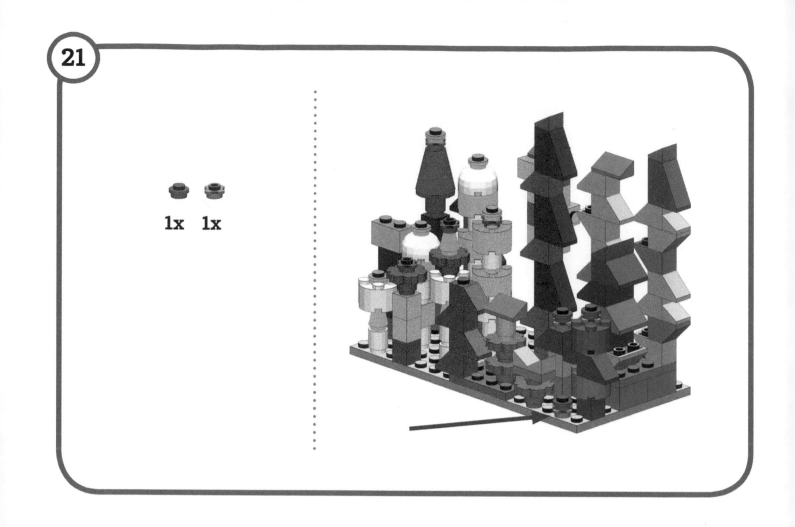

Library of Congress Control Number: 2017956819
ISBN: 9781513261164 (paperback) | 9781513261171 (hardbound) | 9781513261188 (e-book)

Graphic Arts Books
An imprint of

GRAPHIC ARTS BOOKS®

GraphicArtsBooks.com

GRAPHIC ARTS BOOKS
Publishing Director: Jennifer Newens
Marketing Manager: Angela Zbornik
Editor: Olivia Ngai
Design & Production: Rachel Lopez Metzger

Proudly distributed by Ingram Publisher Services.

The following artists hold copyright to their images as indicated: The Coast, front cover (bottom), pages 6-7: Olga1818/Shutterstock.com; Sharks, front cover (middle), pages 1, 32-33: Natali Snailcat/Shutterstock.com; Cold Water, 54-55: Janos Levente/Shutterstock.com; Open Water, back cover, pages 80-81: Fleren/Shutterstock.com

The author thanks the LDraw community for the parts database it makes available, which is used for making instructions found in the book. For more information on LDraw, please visit ldraw.org.

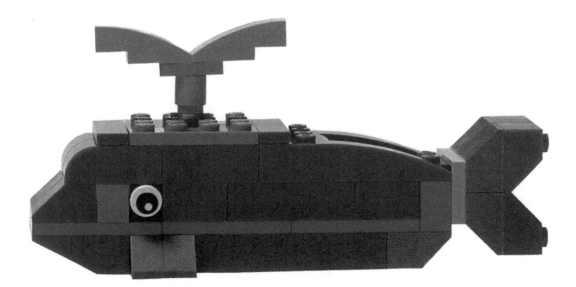

Make sure your **Build It!** library is complete

 ○ Volume 1

 ○ Volume 2

 ○ Volume 3

 ○ World Landmarks

 ○ Things that Fly

 ○ Things that Go

 ○ Things that Float

 ○ Robots

 ○ Farm Animals

 ○ Dinosaurs

 ○ Trains

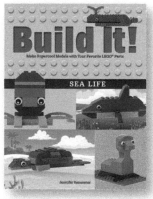 ○ Sea Life

Visit GraphicArtsBooks.com for more titles in the series